少年财智英雄榜样

CONG DAGONGZAI DAO SHIJIE FUHAO

从打工仔到世界富豪

李嘉诚（和记黄埔集团）

张从富◎丛书主编　张从国◎编著

北京出版集团公司
北京教育出版社

图书在版编目(CIP)数据

从打工仔到世界富豪——李嘉诚：和记黄埔集团 / 张丛国编著. — 北京 ：北京教育出版社，2012.3（2018年3月重印）

（少年财智英雄榜样 / 张丛富主编）

ISBN 978-7-5303-9756-5

Ⅰ. ①从… Ⅱ. ①张… Ⅲ. ①李嘉诚—生平事迹—少年读物 Ⅳ. ①K825.38-49

中国版本图书馆 CIP 数据核字(2012)第 022766 号

少年财智英雄榜样

从打工仔到世界富豪——李嘉诚：和记黄埔集团

CONG DAGONGZAI DAO SHIJIE FUHAO

张丛富　丛书主编

张丛国　编著

*

北京出版集团公司 北京教育出版社 出版

（北京北三环中路 6 号）

邮政编码：100120

网　址：www.bph.com.cn

北京出版集团公司总发行

新华书店经销

重庆重报印务有限公司印刷

*

700 毫米×1 000 毫米　16 开本　12.5 印张

2012 年 3 月第 1 版　2018 年 3 月第 4 次印刷

ISBN 978-7-5303-9756-5

定价：23.70 元

质量监督电话：010-58572342　010-58572393

序 言

今天，研究李嘉诚的人越来越多。连李嘉诚自己都说，不明白为什么有这么多书都在写他，这么多人来议论他。

也许有些人感觉李嘉诚离我们太远了，比如李嘉诚所积累的财富大约是我们普通人的一百万倍。很多人都把他的成功归功于他的智商，说是因为他的智商太高了。但是我们没有考虑到的是：他的财富是我们的一百万倍，难道一百万个人的智商还不及他一人吗？

那么，为什么他会成功呢？是他非常优越的家庭背景，还是他工作的时间比我们长？答案当然是否定的。

李嘉诚也不会比我们勤奋一百万倍。一个人的一天有二十四小时，李嘉诚的一天绝不可能比我们多出一秒钟。普通人一天工作八个小时，李嘉诚不可能一天工作八十个小时。

那么，是什么使李嘉诚走在了十几亿华人的最前端？是天降奇才，是优秀的基因和遗传，是高贵的血统，是贵人相助，抑或是神仙帮忙？

这一切都不可能。我觉得这与他的管理之道是分不开的。

首先，他懂得怎么抓住时机。时机和企业发展的步伐有重大关联，能抓住时机，掌握准确资料和最新资讯，是你走在竞争对手前面所必不可少的。

其次，他明白“知己知彼”的道理。作任何决定之前，我们先要知道自己的条件，然后才能知道自己有什么选择。在企业的方面，要知道自己的优点和缺点，更要看对手的长处和短处，掌握准确、充足的资料，作出正确的决定。

再次，他拥有眼光。知识最大的作用是可以磨砺眼光，增强判断力。有人喜欢凭直觉行事，但直觉并不是可靠的方向仪。时代不断进步，我们不仅要紧跟时代，最好还要超前几步，要有掌握和判断最快、最准的资讯的能力。不愿改变的人只能等待运气，懂得掌握时机的人便能创造机会；幸运只会降临于有正确世界观、胆大心细、敢于接受挑战但又谨慎行事的人身上。

同时，我觉得李嘉诚的成功与其少年时代受的教育、认识的人，以及他生活的环境也有关。最关键的是，李嘉诚的父亲虽然穷困一生，但在儿子的眼中，却是永远的精神偶像，父亲的教导，儿子终生不敢忘记。父亲教的，也就是那些最简单的、三岁孩童都知道的做人准则。李嘉诚学习这些准则，一直学习到十四岁，然后，他走进社会，开始使用这些准则。

今天，让我们一起领略一下作为首富的李嘉诚是怎么成功的，是怎么从种种坎坷以及商战中脱颖而出的。让我们领略一下作为首富的李嘉诚是怎么对待身份和权力的，是怎么对待社会的，是怎么回馈社会的。相信作为首富及慈善化身的李嘉诚的人生路，会对你有所启发。

少年财智英雄榜样

目录 CONTENTS

第六章　李嘉诚的管理之道

第七章　李嘉诚的做人之道

第一章　华人首富的少年艰辛时光

李嘉诚自小就聪明爱学，其外表充满了文学气息，而身为华人首富的李嘉诚也没想到自己会从一个书香门第的世家，走向一个成功的商人。虽然这条从商的道路上充满了艰辛，但是他成功了，而且他走在了同行者的最前面，铸就了“华人首富”的形象。

“书香门第”的家庭背景

1928年7月29日（农历六月十三日），李嘉诚出生于潮州古宅里的书香世家。

李嘉诚自幼聪颖好学，3岁就能咏《三字经》《千家诗》。5岁那年，李嘉诚便在父亲的引导下，祭拜孔圣人，进了潮州北门观海寺小学念书。李嘉诚堂兄李嘉智回忆道：“嘉诚从小就像个书虫，见书就会入迷，天生是读书的料。”

李嘉诚的祖先原为中原人士，因灾荒而南迁至福建莆田。后又因战火连绵不断，先祖李明山带领全家迁至粤东潮州府海阳县，定居于潮州城内的面线巷。从此李氏家庭同大批因战乱而南迁的中原人一起成了潮州各部落、各家族中的一支。李氏家庭可以说是书香世家，李嘉诚的曾祖父李鹏万曾经是清朝每12年选拔一次的文官拔贡之一，李氏祖居门前用于插贡旗的碑座，就是历史的见证。其家族人士治学风气甚浓，知书识礼，学问渊博，在乡村之中颇有名望，地位极高。

李嘉诚祖父李晓帆是清末秀才，未仕进，闲居村野。20世纪初，正值中国饱受列强欺辱、西学渐进的时代，饱读四书五经的李晓帆，毅然送两个儿子李云间、李云梯东渡扶桑留学，一个学商科，一个念师范。二人学成回国后，在潮州、汕头从事教育工作。

李嘉诚父亲李云经，走的也是治学执教之路。李云经从小聪颖好学，每次考试，总是名列前茅。1913年（15岁）以优异成绩考入省立金山中学，1917年毕业时成绩列全校第一名。时值家道式微，无资供他升读大学，李云经受莲阳懋德学校之聘，开始了执教生涯。

从教的父亲李云经教育李嘉诚做人要真、要善，要有骨气、有毅力。他不仅仅教给嘉诚知识，更教给他许多做人的道理。对于这些，李嘉诚从小就铭刻于心，终生不曾忘却。深受父亲的影响，李嘉诚也一心向学，如果不是风云突变，李嘉诚会沿着求学路一直走下去。同时，也极有可能继承父业，在家乡做一名教师。

虽然李嘉诚的理想是当一个教育家，而不是商人，但由于父亲早逝，家境陷入贫困，为了全家人的生活，他不得不去从商。

李嘉诚后来回忆说，从商之初，他的理想依然是“赚一大笔钱，然后再去搞教育”。

“跋山涉水”来到香港

1937 年 7 月 7 日，抗日战争全面爆发。日军凭借嚣张的气焰及先进的武器，逐步侵占了中国的半壁山河。

处于天涯一隅的潮州已不太平，报章不时以醒目的标题，刊登山河破碎、日寇暴虐的消息。李嘉诚的父亲当时在庵埠郭垄小学任校长，整日忧心忡忡。母亲庄碧琴笃信佛教，敬香拜佛，祈祷佛祖保佑家人乡人平安。

1939 年 6 月，涂有猩红太阳标志的日旗出现在潮州上空，日军对城区狂轰滥炸。县教育科宣布所有的学校停课。李嘉诚对家园学子生涯的最后一课记忆犹新：处在乡间的庵埠未遭敌机轰炸，大部分学生仍按时来到学堂，国文老师慷慨激昂地讲解岳飞的《满江红》。最后，师生含着悲愤的热泪，高唱《义勇军进行曲》：“起来，不愿做奴隶的人们，把我们的血肉，筑成我们新的长城……”

不久，潮州沦陷于日军的铁蹄之下。日军

一面大肆烧杀抢掠，一面四处张贴安民告示。城区的居民惶惶不可终日，笼罩在白色恐怖之中。人们纷纷逃出城外，去山乡农村投亲靠友，躲避战乱。6月22日，日寇占领庵埠，执教多年的李云经彻底失业。他携李嘉诚回到潮州城家中。当时，李嘉诚小学尚未毕业，升学无望，又不敢随意走出家门，只好躲进家中藏书阁读古书。他尤其喜欢文天祥、陆游、岳飞、辛弃疾等人的诗词，深深领悟到其间的真谛与忧愤。

太阳旗在潮州城头猎猎飘扬，逃避战祸的人流仍络绎不绝。李云经常与城里的知识分子相聚一起，秘密商议抗日大计。不少知识青年投奔抗战前线或敌后游击队。李云经上有老母，下有妻子儿女，未能迈出这一步。他每每想到这一点，心中万分愧疚。

1940年年初，李云经携妻带子逃到澄海县隆都松坑乡，寄住在姨亲家。不久，又辗转逃到后沟，投靠在后沟小学任教的胞弟李奕。兄弟见面，李云经沉痛地说："我逃荒失业，生活无着。一家人得病，没医没药，祸不单行，苦不堪言。"

这一年，李嘉诚祖母因惊吓、贫困而逝世。李嘉诚伯父李云章、李云梯在他乡执教，潮州沦陷，日寇横行，他们皆未能赶来后沟奔丧。李云经、李奕两兄弟，倾资为老母操办了简单的葬礼，将母亲掩埋在后沟的山冈。李云经失业一载，仍未找到教职。他不会体力劳动，亦不会做小生意，唯有感叹"百无一用是书生"。胞弟李奕薪水微薄，李云经不忍受其接济。执教多年攒下的积蓄渐罄，李云经心急如焚。

李云经妻弟庄静庵是香港的殷商，内地烽火连天，兵荒马乱，香港却是一派祥和繁荣，成为战时内地人的避难所。李云经与妻子庄碧琴商议多日，决定前往香港投靠庄静庵。

树挪死，人挪活，李奕赞同胞兄的计划。临行的前日，兄弟俩带家小到山冈祭奠老母。是夜，兄弟俩伴着昏昏的油灯小酌。李云经谈他的人生经历，感叹教育救国的理想付诸东流，彻底破灭。兄弟俩长吁短叹，怆然涕下。

1940 年冬天，李嘉诚和弟弟李嘉昭、妹妹李素娟，随父母踏上艰难的旅程。

重镇和大道大都被日军占领封锁，海路不通，日本军舰在粤东沿海水域横冲直撞。李云经一家只敢走崎岖的山间小路，穿越平原地带则在夜间行动。寒冬腊月，阴冷潮湿，他们不敢也无钱住客栈，只能或露宿荒山野地，或在山村好心人家的茅屋借宿。他们穿越一道道日军封锁线，所幸，没有一次遭遇日本兵。

李云经一家历经千辛万苦，跋山涉水十多日，终于来到目的地香港。来港之后，李云经对儿子的教育大有改观。他不再以古代圣贤的言行风范训子，而是要求嘉诚“学做香港人”。我们从李云经身上，可以看出潮州人适应外界环境的能力，他们不论漂泊在世界任何地方，都能与当地文化很好地融合。更可贵的是，他们及他们的后代，把根留在祖国及故园，不忘自己是潮汕人。

李嘉诚对父亲的教诲心领神会。香港流行广州话，在香港，不懂广州话寸步难行。广州话与潮汕话属不同的语系，李嘉诚把学广州话当一件大事对待，他拜表妹表弟为师，勤学不辍，很快就学会一口流利的广州话。

李嘉诚进了香港的中学念初中。香港的中学，大部分是英文中学；即使中文中学，英文教材也占半数以上。李嘉诚不再是学校的骄子，他坐在课堂里听课，如听天书，不知所云。而其他同学，从小学起就开始学英语，李嘉诚深知自己的不足，心底泛出难言的自卑。李云经询问儿子上学的情况，他说："在香港，想做大事，非得学会英语不可。"李嘉诚点点头，领会父亲的苦心。且不论个人的前途，就凭学费来之不易这一点，他也会以苦读上进来报答父恩母爱。数十年后，李嘉诚回忆父亲生病不求医，省下药钱供他读书，母亲缝补浆洗，含辛茹苦维持一家生计，不禁神色黯然。

李嘉诚学英语，几乎到了走火入魔的地步。上学、放学路上，他边走边背单词。夜深人静，李嘉诚怕影响家人的睡眠，独自跑到户外的路灯下读英语。天蒙蒙亮，他一骨碌爬起来，口中念念有词，还是英语。李嘉诚天赋高，记性强，经过一年多刻苦努力，终于攻克了英语关，能够较熟练运用英语了。

在李嘉诚日后几十年的商海搏击中，广州话和英语都使他在生意上得心应手并受益匪浅。英语更是给李嘉诚带来了无法估量的财富。在长江塑胶厂创业之初，李嘉诚凭着一口流利的英语直接与外商接洽，从而赢得了至关重要的使塑胶厂起飞的订单。

"步入社会"在茶楼跑堂

李云经一家逃避战乱来港，既来之，也就做好长期在香港生存

的打算。可是他们万万没料到，仅一年时间，战火就燃及香港。

李嘉诚一家生活原本困难，现在由于战火波及，愈加困难。幸得舅父庄静庵的资助，一家人才免于饿死。祸不单行，父亲李云经因长年劳累、贫困、忧愤，染上肺病，终于在家庭最困难时病倒了。为了维持儿子的学业，李云经坚持不住院，医生开了药方，他却不去药店买药，偷偷省下药钱，供日后儿子继续学业。

1943 年冬天，李云经走完坎坷的一生，离开这动荡纷乱的世界。在离开人世之时，李云经知道，未成年的儿子未来更需依靠亲友的帮助，同时又不希望儿子抱有太重的依赖心理，故临终留下“贫穷志不移”“做人须有骨气”“求人不如求己”“吃得苦中苦，方为人上人”“不义富且贵，于我如浮云”“失意不灰心，得意莫忘形”的遗言。

父亲辞世，弟妹尚幼，母亲是家庭妇女，再加上经历了时局动荡、世态炎凉，李嘉诚变得早熟。他明白，今后必须靠自己瘦弱的双肩挑起全家的生活重担。

年纪尚小的李嘉诚开始了在香港岛和九龙半岛的奔波求职生涯。毕竟他还是个身材纤细的孩子，人满为患的港九各大店铺，绝对不会轻易雇用一个没有根底、没有文化也没有体力的少年，尤其是那些大商铺更是把他拒之门外。李嘉诚在走投无路之际，忽然发现西营盘一幢名为“春茗大茶肆”的茶楼，于是抱着再试一次的心理走了进去。李嘉诚做梦也没想到他的运气这么好，老板竟然也是潮州人。李嘉诚一开口，老板马上就对面带和善笑容的他产生了好感，问他：“你可在澄海生活过？”“对对，小时候家父就在澄海教书，所以语音中难免有一点澄海的乡音。”李嘉诚虽然出身贫寒人家，可他的言行举止都给人以温文尔雅的文人气质。也许正是他这种特殊的气质，才越加博得茶楼老板的好感。

老板忙问：“你可姓李？”李嘉诚连连点头。又问：“你可认识一个叫李云经的老师？”李嘉诚说：“李云经正是家父啊。”老板听了，对他再三打量，然后拍拍他的肩膀，说：“原来你是李老师的儿子啊，李老师在澄海当中学校长时，贤达之名早已传遍了四乡啊。当年我侄子就在令尊大人的学校里读书，从他那里没少听令尊严谨治校的事。可是，你们李家是在潮州地面生活，何故也来到了香港？”

李嘉诚的神情顿时变得黯然。他把日本军队如何进犯潮州，其父如何不情愿为日本人做事，最后不得不放弃教学，毅然携家辗转来到香港谋生的经历，都详细说给了茶楼老板听。老板听了，不禁从心里同情起李嘉诚一家，于是再加询问：“这么说，当年在澄海办学的李老师，如今也在香港了？他可在这里教书？”李嘉诚凄然落泪说：“家父来香港前就已染了肺病，去年冬天已经去世了，所以我才……”茶楼老板听到这里，当即拍板决定留下李嘉诚在他茶楼里当伙计，并对他说：“如果你不嫌我的茶楼薪水少，索性就留在这里给我当帮手吧。如你能在这儿好好做事，至少可以贴补家用。”

李嘉诚急忙躬身致谢，暗自庆幸在经过多次求职失败后命运终于对自己露出了笑脸。老板又说：“只是你在茶楼做事，千万要做到‘二勤一少’才行。一是要手勤，二是要脚勤，三是要没用的话少说。你如在我这儿做事，首先是客人第一，如果得罪了客人，那么一切就无从说起了。你可听懂了我的意思？”“当然听懂了，我会照您说的去做的，放心吧，老板。”李嘉诚赶紧说。他早已看惯世态炎凉，知道如能在西营盘这家大茶楼里当一个跑堂的伙计，已是天大的幸事。

为“养家糊口”而走进钟表店

在茶楼，李嘉诚熬过了最艰辛的一年，老板终于给他加了工钱，他能够向其他堂倌一样，轮流午休或早归了。茶楼工作出息不大，但他感谢茶楼老板，是老板成全了他养家糊口的基本愿望，给予他极好的人生锻炼的机会。

李嘉诚在茶楼工作一年后，去了舅父的中南钟表公司。

为是否去舅父的公司，李嘉诚犹豫了好些天。他渴望从事新的职业，尤其是跟复杂钟表打交道的行当；然而当初李嘉诚刚刚迈向社会之时，曾拂逆了舅父的一番好意，因而他有所顾虑，但现在李嘉诚又觉得，他似乎不应再有太多的顾虑。自己是在社会闯荡和磨炼过的人，进舅父的公司，并不是接受恩赐，而是为舅父做事。

庄静庵回忆少年李嘉诚时说：“阿诚的阿爷（父亲）谢世太早，故阿诚少年老成，他的许多想法、做法，就像一个大人。”李嘉诚进了舅父的公司，舅父并不因为嘉诚是他的外甥而特别照顾他。李嘉诚从学徒干起，起初还不能接触钟表活儿，只是做扫地、煲茶、倒水、跑腿的杂事。李嘉诚在茶楼受过极严格的训练，做事又快又好。开始，许多职员不知李嘉诚是老板的外甥，他们在庄静庵面前夸李嘉诚，说他“伶俐勤快”“甚至一看别人的脸色，就知道别人想做什么，他就会主动帮忙”。

李嘉诚进入中南公司的目的，是学会装配及修理钟表。他利用打杂的空隙，跟师傅学艺，仅半年时间，就学会了各种型号的钟表装配及修理。舅父对嘉诚的长进心喜不已，但从不当面夸奖他。

不久，庄静庵预见香港经济将有超常的发展，于是扩大公司规模，调整人事。李嘉诚被调往高升街钟表店当店员。

李嘉诚在茶楼已学会与人打交道；进入中南公司后，通过学习，他对各类钟表的装配及修理已经了如指掌。他很快就掌握了钟表销售技能，做得十分出色。与李嘉诚同在高升钟表店共事的老店员，在接受记者采访时介绍道：“嘉诚在高升店，是年纪最小的店员。开始时谁都不把他当一回事，但不久之后就都对他刮目相看了。他对钟表很熟悉，知识很全，像吃钟表饭多年的人。谁都不敢相信，他学师才几个月。当时我们都认为他会成为一个能工巧匠，也能做个标青（粤语，指非常出众）的钟表商，却没想到他日后会那么显赫。”

走南闯北做五金推销工作

勤奋努力的李嘉诚，拥有常人少见的毅力，每天工作16个小时之后，仍不忘坚持自修。做了一年的钟表匠后，天生喜欢挑战和进取的李嘉诚，突然又辞别舅父庄静庵的钟表店，选择了去五金厂当推销员，开始了香港人称之为“街仔”的推销生涯。

最初，李嘉诚每次向客户推销产品之前，心情都十分紧张。所以他总是在出门前或者路上把要说的话想好，准备充分，并且练了又练。渐渐地，李嘉诚发现自己已经推销有术了，他具有敏锐的观察能力和分析能力。

李嘉诚到五金厂的主要任务是负责白铁桶的推销。当时，推销的对象集中于卖日杂货的店铺，李嘉诚一入行就感受到千军万马过独木桥般的竞争。于是，李嘉诚采取避实击虚的直销方法去进攻。他首先看准酒楼旅店是白铁桶的“吃货”大户，就集中精力对这些堡垒进行攻坚。当时，推销员到酒楼旅店直接推销的不多。但精明的李嘉诚发现利于直销的两个条件：一来直销价格比酒楼旅店到市场去买要便宜，二来送货上门节省了客户的时间和精力。因此，李嘉诚这一招轻而易举获得了成功。有一次，李嘉诚在一家旅店，一下就销出 100 多只铁桶，销售业绩十分惊人。

李嘉诚认为，在从事推销工作的时候，自己必须要充满自信，而且对自己所推销的产品要非常熟悉；要尽最大的努力，设法让用户感到你的产品是价廉而且优秀的；并且，最重要的是，要时刻注意客户的心理及其变化，时刻使他们有兴趣听自己讲述，而不认为是在浪费他们的时间。实际上，只有 17 岁的李嘉诚，仍长着一张让成年人无法信赖的孩子般的面庞。但聪明的李嘉诚，总会预先告诉客户他的年龄，再加上他那让人信赖的诚实目光，使李嘉诚无往不胜。很快，最年轻的李嘉诚的业绩遥遥领先，成为公司的佼佼者。

小小年纪的李嘉诚之所以能有今天如此大的作为，是因为他有着一股永不服输的执拗劲。有一件事就表现了李嘉诚永不服输的个性。

有一次李嘉诚去酒楼推销，遭到老板毫不客气的拒绝。李嘉诚沮丧地走出那家酒楼。刚离开酒楼不远，李嘉诚站住了。他不是个轻易认输的人，眉头一皱，计上心来，他又回到酒楼。一见老板，李嘉诚抢先说："我这一次不是来推销铁桶的，只想向您请教，在我进贵店推销时，我的动作、言辞、态度等有什么不妥当的地方，请您指点迷津。我是个新手，您比我有更丰富的经验，在商界您已经是成功人士了，我恳求您的指点。"李嘉诚虚心求教的精神和真诚的态度感动了老板，他不忍心为难这位真诚的年仅十多岁的少年，于是立即"收回成命"，与李嘉诚做成了这桩生意。并向李嘉诚提出宝贵的指导建议。

李嘉诚这一招可谓一石二鸟，一箭双雕，既学到了成功人士的经验，又做成了生意。

此外，李嘉诚对家庭散户又作了研究，他发现，当时高级住宅区的家庭大多使用铝桶而不是白铁桶。于是，李嘉诚就掉转矛头把目标瞄准中下层居民区。但即使是中下层居民区，一户家庭，通常也只使用一两只白铁桶，单个客户的潜力远不如酒楼旅店。然而，家庭散户又有一个酒楼旅店不能比拟的优势，即散户的销量可以积少成多，加起来的数量也会很庞大。如何占领这一分散而又不可忽视的庞大市场呢？开始时李嘉诚一筹莫展，他苦苦思索着。

有一天，李嘉诚看见几个老太太围坐在居民区的椅子上择菜聊天，他茅塞顿开，便心生一计，将进攻目标锁定在老太太身上，专向老太太推销他的白铁桶。他这样盘算：只要卖动了一只白铁桶，就等于卖掉了一批。因为老太太都不上班，喜欢串门唠嗑，自然而然就成了他的义务推销员。果然，这一招又大获成功。

一次，有一家刚落成的旅馆正准备开张，李嘉诚的几个同事领功心切，便抢先找到旅馆老板，不料皆碰了一鼻子灰，无功而返。原来旅馆老板有意与另一家五金厂合作。李嘉诚知道后，决定迎难而上。他并不急于见旅馆老板，而是先与旅馆的一个职员交起朋友来。然后假装漫不经心地从那个职员口中套知老板的有关情况，以寻找突破口。那个职员谈及老板有一个儿子，整天缠着老板，要他和自己一起去看赛马。老板很疼爱儿子，但旅馆开张在即，千头万绪，根本抽不出时间陪儿子。职员是当作趣闻说起这件事的。可言者无意，听者有心。李嘉诚感觉他已经找到了打开老板闭门拒客的钥匙，他让这个职员搭桥，自掏腰包带老板的儿子去跑马场看赛马。老板的儿子玩得兴高采烈。李嘉诚的举动令老板十分感动，不知如何答谢才好，于是，就爽快地同意从李嘉诚手中买下 380 只铁桶。

很快，李嘉诚成了全公司的佼佼者，但他从来不喜欢高谈阔论，他认为从事推销工作，重要的有两点：一是勤劳，二是创新。

初次接触橡胶行业

走南闯北的推销生涯，不仅使李嘉诚初具商业头脑，有了丰富的商业知识，而且也让李嘉诚结识了很多好朋友，从中学到了各种各样的社会知识。同时，在推销过程中，他学会了宽厚待人、诚实处世的做人哲学，这为他日后事业的发展，打下了良好的基础。

20 世纪 40 年代中期，塑胶工业在欧美发达国家兴起。香港作为全方位开放的世界自由贸易港，市面上很快就出现了从欧美输入的塑胶料制品。李嘉诚以他超前的眼光，看到了塑胶业发展的美好前景，再加上塑胶公司老板的真诚邀请，他决定再次跳槽。

在五金厂辞工时，李嘉诚对老板说明了当前的形势，并建议他审时度势，要么转行做前景看好的行业；要么就调整生产门类，尽量避免与塑胶制品冲突。一年后，这家五金厂转为生产系列锁，一度奄奄一息的五金厂，焕发出勃勃生机。后来，老板遇到李嘉诚，欣喜地说道："阿诚，你在我厂里，我就看出你是个不寻常的年轻人。你将来准会干出大事业。"

李嘉诚小小年纪就掌握了经商的秘诀，他对推销工作已经有了独道的见解。他认为摸清市场动向，建立销售渠道，广交朋友，才能做好生意。

在塑胶公司，李嘉诚主要负责推销新型产品塑胶洒水器。有一次，李嘉诚接连走访了几家客户，都无人问津。这一天上班前，李嘉诚来到一家批发行，等待职员上班，好联系洽谈业务。这时，李嘉诚看见清洁工在打扫卫生，他灵机一动，就自告奋勇地拿出洒水器帮清洁工洒水。李嘉诚这样做，是希望遇到提前上班的职员，让他们能亲眼看见洒水器的好处，眼见为实，有了实在的感性认识，洽谈起来才更有说服力。果然有职员提前来到，碰巧还是负责日用品器具的部门经理。结果，李嘉诚很顺利地达到了目的，该经理很爽快地答应经销这种塑胶洒水器。

由于李嘉诚做出的业绩在职工中非常突出，老板非常欣赏他的才华。因此，李嘉诚 18 岁那年就被提拔为业务经理，统管产品销售。20 岁晋升为总经理，全盘负责日常事务。李嘉诚成了塑胶厂的顶梁柱。

在塑胶公司，李嘉诚深信，能从老板那里学到许多制造塑胶的技术和经营经验。当推销员的日子里，他每天都要工作 16～20 个小时，很谦虚地向老前辈学习，除此之外还坚持对塑胶市场进行调查和分析，把每天工作中遇到的事，或发现的新信息，记录下来。

在塑胶公司积累了一些经验后，李嘉诚又有了新的打算。他如实地告诉老板他的想法，这是他一直以来的愿望：他打算自己也办一间塑胶厂。

就这样，李嘉诚怀着愧疚之情离开了塑胶公司——他不得不走这一步。这是他人生中的一次重大转折，从此，他踏上了充满艰辛与希望的创业之路。

第二章　李嘉诚艰辛的创业之路

李嘉诚在创业的路上遇到了种种坎坷，但是他不畏艰辛，勇于创新，敢于拼搏，所以他成功了。成功的是那么的近乎完美，而我们来研究他，不光是学习他走向成功的方法，更多的是要看到他为成功所付出的努力。

创业初始就遭“重大挫折”

李嘉诚经过几年生活的磨砺之后，逐渐成熟起来。干推销工作虽取得了一定的成功，但毕竟只是一名高级“打工仔”，而他所管理的塑胶企业的财产毕竟是董事长的，失败的最终承担者也只有董事长本人，企业的成败与李嘉诚关系不大，这使十分渴望向社会证明自身价值的李嘉诚下定决心要自立门户。因此无论老板怎样赏识和再三挽留，他都决意离开。他要用自己平日点滴的积蓄从零开始，自己创业。

1950 年夏天，说干就干的李嘉诚以自己多年的积蓄和向亲友筹借的五万港元在筲箕湾租了一间厂房，创办了“长江塑胶厂”，专门生产塑胶玩具和简单日用品，由此起步，开始了他艰难的创业之路。

长江塑胶厂创办后，刚开始还挺顺利，客户订单颇多，李嘉诚心里也挺高兴。但正当李嘉诚春风得意之时，却遇到了意想不到的风浪。

一家客户声称他的塑胶制品质量粗劣，要求退货；但李嘉诚手中仍攥着一把订单，还有很多客户打电话催货。这让李嘉诚骑虎难下，如果延误交货期就要被罚款，连老本都要贴进去。但是如果明知产品的质量有问题还要把它们交给客户又违背了李嘉诚做人的原则。于是，他亲自蹲在机器旁监督质量。然而，靠这些老掉牙的淘汰机器，要确保质量谈何容易！李嘉诚陷入了困境。仓库里堆满了因质量欠佳和延误交货而被退回的玩具成品。客户纷纷上门索赔，一些新客户上门考察生产规模和产品质量，一见这情形扭头就走。

客户是企业的衣食父母，业中人常说："不怕没生意做，就怕做断生意。"长江厂正处在后一种情形中，李嘉诚急如热锅上的蚂蚁。产品积压，没有进账，原料商仍按契约上门催交原料货款。墙倒众人推，银行得知长江厂陷入危机，也派职员来催贷款。被弄得焦头烂额、痛苦不堪的李嘉诚不得不赔笑接待，恳求银行放宽限期。银行掌握企业的生杀大权，长江厂处在了遭清盘的边缘。

李嘉诚回到家里，母亲从他憔悴的脸色、布满血丝的双眼中，洞察出长江厂遇到了麻烦。母亲平静地说道："很久很久之前，潮州府城外的桑埔山有一座古寺，寺中住持云寂和尚已是垂暮之年，他知道自己在世的日子不多了，就把他的两个弟子——一寂、二寂召到方丈室，交两袋谷种给他们，要他们去播种插秧，到谷熟的季节再来见他，看谁收的谷子多，多者就可继承衣钵，做庙里的住持。云寂和尚整日把自己关在方丈室里念经，到谷熟时，一寂挑了一担沉甸甸的谷子来见师父，而二寂却两手空空。云寂问二寂原因，二寂惭愧地说，他没有管好田，种谷没发芽。云寂便把袈裟和瓦钵交给二寂，指定他为未来的住持。一寂不服，云寂说：'我给你俩的谷种都是煮过的。'"

李嘉诚悟出母亲话中的玄机：诚实是为人处世之本，是战胜一切的不二法门。

翌日，李嘉诚回到厂里，工厂仍笼罩在愁云惨雾之中。李嘉诚召集员工开会，他坦诚地承认自己经营错误，不仅损害了工厂的信誉，拖垮了工厂，还连累了员工。他向这些天被他无端训斥的员工赔礼道歉，并表示，经营一有转机，被辞退的员工就都可回来上班，如果员工已找到更好的去处，他也不会勉强其留下；从今后，保证与员工同舟共济，绝不损及员工的利益而保全自己。

紧接着，李嘉诚一一拜访银行、原料商、客户，向他们认错道歉，乞求原谅，并保证在放宽的限期内一定偿还欠款，对该缴纳的罚款，一定如数付账。李嘉诚丝毫不隐瞒工厂面临的空前危机——随时都有倒闭的可能，恳切地向对方请教解除危机的对策。李嘉诚的诚实，得到他们中大多数人的谅解，他们都是业务伙伴，长江塑胶厂倒闭，对他们同样不利。银行放宽了偿还贷款的期限，但在长江厂未偿还贷款前，将不再发放新贷款。原料商同样放宽付货款的期限，但对方提出，长江厂再进原料时，必须先付70%的货款。

李嘉诚的“负荆拜访”，达到初步目的，但他不敢松一口气，银行、原料商和客户，只给了他十分有限的回旋余地，事态仍很严峻。

产品积压，库满为患。这之中，一部分是因为产品质量不合格；另一部分是因延误交货期而被退回的产品，产品质量并无问题。李嘉诚抽调员工，对积压产品进行普查，将其归为两类：一类是有机会作为正品推销出去的，一类是款式过时或质量粗劣的。李嘉诚如当初做“街仔”那样，马不停蹄地到市区推销正品，卖出一部分。

最后，因为他不想被积压的产品拖累太久，就将剩余产品全部以极低廉的价格，卖给专营旧货次品的批发商，在制品的质检卡片上，一律盖上“次品”的标记。李嘉诚陆续收到货款，偿还了一部分债务，情况得到好转。

1955年的一天，李嘉诚召集员工聚会。他首先向员工鞠了三个躬，感谢大家的精诚合作。然后，他难以抑制喜悦之情，笑着宣布：“我们厂已基本还清各家的债款，昨天得到银行的通知，同意为我们继续提供贷款。”这表明，长江塑胶厂已走出危机，将进入柳暗花明的佳境！

失败其实并不是最重要的，最重要的是失败之后是否仍有信心，是否能继续保持清醒的头脑。像任何一个身处逆境的人一样，李嘉诚经过一连串的磨难后，痛定思痛，开始冷静分析国际经济形势和市场走向。

在种类繁多的塑胶产品中，李嘉诚所生产的塑胶玩具在国际市场上已经趋于饱和状态了，已经没有足够的生存空间了。这意味着他必须重新选择一种能救活企业、在国际市场中具有竞争力的产品，从而实现塑胶厂的“转轨”。

为学技术甘心做打杂工

一天晚上，李嘉诚自修完当天的功课后，仍像平日一样随手翻阅着一些杂志。当他阅读最新英文版《塑胶》杂志时，发现在一个不太引人注目的地方，刊登了一则有关意大利一家公司用塑胶原料设计制造的塑胶花即将倾销欧美市场的消息。

李嘉诚马上联想到和平时期过着平静生活的人们，在物质生活有了一定的保障之后，必定在精神生活上有更高的要求。如果种植花卉等植物，不但要每天浇水、除草，而且花卉的花期很短，这与当时抓紧时间工作的人们的生活节奏很不协调。如果生产大量塑胶花，它们既价廉物美又方便省事，一定会深受顾客的喜爱，能很好地美化人们的生活。想到这里，李嘉诚兴奋地预测着：一个塑胶花的黄金时代即将来临。

1957 的春天，李嘉诚揣着强烈的希冀和求知欲，登上飞往意大利的班机。他在一间小旅社安下身后，就迫不及待地去寻访那家在世界上开风气之先的塑胶公司的地址。经过两天的奔波，李嘉诚风尘仆仆地来到该公司门口，但却戛然止步——他素知厂家对新产品技术的保守与戒备，应该名正言顺地购买技术专利，然而，一来，长江厂小本经营，绝对付不起昂贵的专利费；二来，厂家绝不会轻易出卖专利，往往要在充分占领市场，赚得盘满钵满，直到准备淘汰这项技术时方肯出手。

情急之中，李嘉诚想到一个绝妙的办法。这家公司的塑胶厂招聘工人，他去报了名，被派往车间做打杂的工人。李嘉诚只有旅游签证，按规定，持有这种签证的人是不能够打工的，所以老板给李嘉诚的工薪不及同类工人的一半，因为他知道这位亚裔劳工是非法打工，一定不敢控告他。李嘉诚负责清除废品废料，他能够推着小车在厂区各个工段来回走动，这样就可以把整个生产流程看在眼里。收工后，李嘉诚急忙赶回旅店，把观察到的一切记录在笔记本上。虽然对整个生产流程都熟悉了，可是，属于保密的技术环节还是不得而知。假日，李嘉诚邀请数位新结识的朋友，到城里的中国餐馆吃饭，这些朋友都是某一工序的技术工人。李嘉诚用英语向他们请教相关技术，佯称他打算到其他的厂应聘技术工人。就这样，李嘉诚通过眼观耳听，大致了解了塑胶花制作配色的技术要领。

临回国前，塑胶花已推向市场，李嘉诚跑了好多家花店，了解销售情况。他发现绣球花最畅销，便立即买下些绣球花作样品，李嘉诚满载而归。随机到达的，还有几大箱塑胶花样品和资料。李嘉诚回到长江塑胶厂，不动声色地把几个部门负责人和技术骨干召集到办公室，他宣布，长江厂将把塑胶花作为主攻方向，一定要使其成为本厂的拳头产品，使长江厂更上一层楼。

不仅如此，李嘉诚又不惜重金聘请香港乃至海外的塑胶专业人才，对这些购回的塑胶花品种进行研究。他一边进行市场调查，一边了解国际市场的发展动态，希望找出最受欢迎的塑胶花品种进行大规模生产。1957 年，咬紧牙关走出绝境的李嘉诚开始了他的一系列别具新意的“转轨”行动：生产既便宜又逼真的塑胶花。这在当时的香港还是一个“冷门”。经过李嘉诚的努力以及各方面的促销和广告活动，塑胶花开始引人注目起来，为香港市民所普遍接受。

"长江塑胶厂"的名字也开始为人们所熟悉。

重新开出一条道路的李嘉诚，在度过危机之后，便渐渐地走上了稳定发展的道路。1957年底，李嘉诚为了适应大规模的生产需要，将"长江塑胶厂"改名为"长江工业有限公司"。李嘉诚开始着手引进西方的管理经验。他认定不管是现在还是将来，企业内部保持高水平的管理，坚持按责任办事，都是非常重要的。

李嘉诚常常这样告诉身边的人："我们'长江'要生存，就得要竞争；要竞争，就必须有好的质量。只有保证质量，才能保证信誉，才能保证客户，才能保证'长江'的发展壮大。"李嘉诚极其看重自己产品的质量，他宣布："从今以后，'长江'的产品，没有次品。"

突破瓶颈成就"塑胶花大王"

李嘉诚虽然率领企业走出了深渊，但并非就此脱离了困境。这时，他的资金仍然十分紧张，生产设备仍旧很简陋。他无法更新设备，增加厂房，招聘技工，生产规模也无法像计划的那样扩大。

该如何突破"瓶颈"呢？李嘉诚陷入苦恼之中。银行许可的贷款额只能应付流动资金，像“长江”这样的小公司，不敢奢望获得银行的大笔贷款。

在李嘉诚伤透脑筋之时，一个意想不到的机遇来到了他的面前。有位欧洲的批发商，来长江公司看样品，他对长江公司的塑胶花赞不绝口，并要求参观长江公司的工厂，他对能在这样简陋的工厂中生产出这么漂亮的塑胶花，甚感惊奇。这位批发商快人快语：“我们早就看好香港的塑胶花，它的品质品种，处于世界先进水平，而价格还不到欧洲产品的一半。我是打定主意订购香港的塑胶花了，并且是大量订购。可你们现在的规模，满足不了我的数量。李先生，我知道你的资金发生了问题，我可以先行做生意，条件是你必须有实力雄厚的公司或个人担保。”

找谁担保呢？担保人虽不必借钱给被担保人，但必须承担一切风险。被担保人一旦无法履行合同，或者丧失偿还债务能力，风险就落到了担保人头上。

翌日，李嘉诚来到批发商下榻的酒店。两人坐在酒店的咖啡室里，李嘉诚拿出 9 款样品，默默地放在批发商面前。他太想做成这笔交易了，该批发商的销售网遍及西欧、北欧，那是欧洲最主要的市场。但李嘉诚未能找到担保人，还能说什么呢？他只好和设计师通宵达旦，连夜赶出 9 款样品，希望能以样品打动批发商。若批发商对产品感兴趣的话，看看能否通融一下，双方再寻求变通之法；若不成，就送给他作留念，争取下一次合作。

一共9款样品，每3款一组：一组花朵，一组水果，一组草木。批发商全神贯注，足足看了十多分钟，尤其对那串紫红色葡萄爱不释手。批发商的目光落在李嘉诚熬得通红的双眼上，猜想这个年轻人大概通宵未眠。他太满意这些样品了，同时更欣赏这年轻人的办事作风及效率——不到一天时间，就拿出9款别具一格的极佳样品。他记得，他当时只表露出想订购3种产品的意向，结果，李嘉诚每一种产品都设计了3款样品。接着谈生意，李嘉诚直率地告诉批发商："承蒙您对本公司样品的厚爱，我和我的设计师，花费的精力和时间总算没有白费。我想您一定知道我内心的想法，我是非常非常希望能与先生做生意的。可我又不得不坦诚地告诉您，我实在找不到殷实的厂商为我担保，十分抱歉。"

批发商目光炯炯地看着李嘉诚，未表示出吃惊和失望。于是李嘉诚用自信而执著的口气说："请相信我的信誉和能力，我是一个白手起家的小业主，在同行和关系企业中有着较好的信誉，我是靠自己的拼搏和同仁朋友的帮助，才发展到现在这样的规模的。先生您已考察过我的公司和工厂，大概不会怀疑本公司的生产管理及产品质量。因此，我真诚地希望我们能够建立合作伙伴关系，并且是长期合作。尽管目前本公司的生产规模还满足不了您的要求，但我会尽最大的努力扩大生产规模。至于价格，我保证会是全香港最优惠的，我的原则是做长生意，做大生意，薄利多销，互利互惠。"

李嘉诚的诚恳执著，深深打动了批发商，他说道："李先生，你奉行的原则，也就是我奉行的原则。我这次来香港，就是要寻找诚实可靠的长期合作伙伴。互利互惠，只要合作成功，我绝不会利己损人，否则就是一锤子买卖。李先生，我知道你最担心的是担保人。我坦诚地告诉你，你不必为此事担心，我已经为你找好了一个担保人。”

李嘉诚愣住了，哪里有由对方找担保人的道理？批发商微笑道：“这个担保人就是你。你的真诚和信用，就是最好的担保。”两人都为这则幽默笑出声来。谈判在轻松的气氛中进行，很快他们就签了第一单购销合同。按协议，批发商应提前交付货款，这基本解决了李嘉诚扩大再生产的资金问题。这位批发商主动提出一次性付清，可见他对李嘉诚的信誉及产品质量的充分信任。

这次成功使长江工业公司从此站稳了脚跟，并在香港塑胶企业内有了较强的竞争能力，也使李嘉诚清醒地认识到：对一个即使是身处逆境，但决意抓住机会的人来说，不管遇到什么样的艰难险阻，只要有信心、决心和诚意，机会的大门将永远为这些胸怀抱负、希望有所作为的人而敞开。

从此，长江公司的塑胶花牢牢占领了欧洲市场，营业额及利润成倍增长。1958 年，长江公司的营业额达一千多万港元，纯利润达一百多万港元。

在以后的日子里，李嘉诚总是第一个到公司，最后一个才离开。他不但时时注意以身作则，还要求公司高层严格执行制度。例如，他要求公司高层给员工开会时间不能超过 45 分钟，否则马上终止会议，没有说完的事情自己找时间跟员工说清楚。刚开始，很多管理层都不适应，开会时间往往超过限制，但时间长了，大家都有了明确的认识：鸡毛蒜皮的事不必在会议上说，开会是为了把重要的事情集中在一起解决。李嘉诚不仅这样要求管理层，对自己也是一样。有一次，他和几名管理者在一起开会，或许要说的问题很多，一个小时不知不觉就过去了。李嘉诚发现后，马上向大家道歉，并宣布散会。但有几个管理者的问题还没解决，而且是非常紧急的事情，因此想恳请李嘉诚破一次例。李嘉诚不仅没有应允，反而语重心长地说："大家都是公司的高层人员，公司上下数千双眼睛都在盯着我们看，我们要给员工作出一个好的榜样。"

慢慢地，塑胶花在欧美各国越来越受欢迎，就连中、下等家庭也渐渐养成了插花的习惯，随着欧美各国对塑胶花需求量的增大，香港迎来了塑胶花制造业最为辉煌的时期，李嘉诚领导的长江工业公司也日渐鼎盛。

李嘉诚也充分利用这段鼎盛时期，不断创新。他以高薪招聘塑胶专业人才，研制出欧美用户最感兴趣的接近天然花的喷色塑胶花、特种花、热带新奇花卉，以及具有中国传统特色的中国特种花，顺利地打入欧美市场。李嘉诚利用长江工业公司高品质的塑胶花产品，全方位地争取到了海外买家的长期合约，业务量得以迅速增长。

庞大的塑胶花市场，为李嘉诚带来了数千万港元的利润，长江工业公司的塑胶花和李嘉诚本人也愈来愈受到塑胶界的关注。"长江"因此而成为世界上最大的塑胶花制造基地，而李嘉诚则被誉为"塑胶花大王"。

“羽翼渐丰”转而进军地产

1958年，李嘉诚的长江工业公司在塑胶业异军突起，取得令人瞩目的业绩，李嘉诚也由此获得“塑胶花大王”的美称。也许，有人会认为他应该在这个行业一心一意闯下去，将这个美称继续发扬光大，争做世界塑胶业的泰斗。李嘉诚却不是这样想的。他心中的蓝图，岂止做一个“塑胶花大王”这么简单。生产塑胶花，只是他赚钱的一个手段，是他基业的原始积累。他的最终目的，是充分展示人生的价值，看看一个人的能量究竟有多大，可以跑多远。在塑胶花领域取得的成功，滋长并坚定了他建立伟业的雄心。当然，他也不会草率摈弃塑胶业。在其后十余年间，他在塑胶领域继续处于领先地位，为他开创新事业积累了数以千万的资金。李嘉诚不是好高骛远之人，他总是脚踏实地地向既定目标迈进。他亦不会鲁莽行事，每一个重大举措，都要经过深思熟虑，周密调查——除非机不待人的非常时期。涉足地产这个想法，已在李嘉诚心中孕育数月之久，塑胶花为他赚得了可观的利润，是他将理想付诸现实的基础。

在今天，百亿身价的超级巨富，90%是地产商或兼营地产的商人。可当时并非如此，大富翁分散在金融、航运、地产、贸易、零售、能源、工业等诸多行业，地产商在富豪中并不突出。这同时意味着，当时房地产并不是人人都看好的行业。李嘉诚却以独到的眼光，洞察到地产业的巨大潜质和广阔前景。

1951年，香港人口才过200万，而到20世纪50年代末，就已逼近300万。人口的增多，急需大量的住宅；经济的持续发展，急需大量的办公写字楼、商业铺位、工业厂房。香港是弹丸之地，不仅狭小，而且多山。有限的土地，无限的需求，加之港府采取高地价政策，寸土寸金，房贵楼昂。身为一业之主，李嘉诚多次为厂房伤透脑筋。因为找不到交通便利、租金适宜的厂房，数次扩大生产规模，都是在现有的厂房重新布局，车间里设备、人员、制品，挤得水泄不通。

本港工业化进程出人意料地急速发展，物业商喜笑颜开，趁势提租。许多物业商只肯签短期租约，用房续租时，又大幅加租。用户苦不堪言，李嘉诚亦然。李嘉诚曾多次构想：我要有自己的厂房该多好，就用不着受物业商任意摆布了。他的构想，经过长时间的酝酿进一步明朗：他决定给自己一个新的身份——地产商。1958年，李嘉诚在繁盛的工业区——北角，购地兴建一座12层的工业大厦，命名为“长江大厦”，部分用来做厂房，其余出租，作为他进军地产业的第一步。此后，李嘉诚将制造业赚取的利润陆续投入地产，相继在北角、柴湾、新界、元朗等地区建起了工业大厦，规模愈来愈大。

当时，投资房地产者大多以“孖展”的方式进行，花钱购地只付30%现金，其余70%向银行借贷，风险颇大，地价一下跌就可能支撑不下去。然而，李嘉诚持有充裕的资金，既不用向银行借贷，亦可从容发展、趁低吸纳。

60年代中期，香港先后爆发银行危机和政治骚动，地产市场陷入空前低潮。

1965年1月，本港小银行——明德银号发生挤提，宣告破产，究其原因，是“参与房地产投机，使其没有流动资金，丧失偿债能力”。明德银号的破产，引起了储户的恐慌心理，挤提风潮由此爆发，迅速蔓延到一系列银行，广东信托商业银行轰然倒闭，连实力雄厚的恒生银行也陷于危机之中，不得不出卖股权于汇丰银行以免遭破产之灾。在银行危机的剧烈振荡下，兴旺炽盛的房地产业一落千丈，一派肃杀。地价楼价暴跌，脱身迟缓的炒家，全部断臂折翼，血本无归。靠银行输血支撑的地产商、建筑商纷纷破产。

动荡的局势令香港市民人心惶惶，富翁们纷纷逃离，争着廉价抛售产业。李嘉诚正在建筑中的楼房也被迫停工，然而，在这次危机中，“长江”的损失，与同行业相比微乎其微，并未动摇其整个根基。

这次战后香港最大的地产危机，一直延续到1969年。李嘉诚看准香港地产业的无限前景，并不为一时的衰颓而忧虑。他沉着应变，仔细分析局势，认为香港肯定会恢复安定，并将进一步繁荣发展。因此，在别人大量抛售房产时，李嘉诚却反其道而行之，将所有资金都用来收购房产。朋友们纷纷劝他不要做傻事，他说：“我看准了不会亏本才敢买，男子汉大丈夫还怕风险?”正是他的这一正确决策，一举奠定了日后他在地产界大展宏图的基础。

第三章 快速发展成就“商业帝国”

在自己拥有一定实力的时候要懂得主动出击，要懂得在稳健中求发展，要懂得在复杂环境中寻找突破口。很多人做不到这些，因为我们没有李嘉诚那种独到的智慧和谋略，就因为李嘉诚做到了，所以他走在了同时代人的最前端。

长江实业上市赢得“开门红”

70年代初，李嘉诚决定全力发展地产业，他于1971年6月创办长江置业有限公司，1972年改名为长江实业（集团）有限公司（又称“长实”），将投资重点转移到房地产。当时，正值香港股市大牛市时期，李嘉诚把握良机，及时将“长实”上市。1972年11月1日，“长实”正式在香港挂牌上市。当时，“长实”的规模和实力均显不足，只有35万平方英尺（英制面积单位，1平方英尺约等于0.093平方米）出租楼宇，且大半是工业大厦，每年租金收入仅390万港元；此外有7个地盘在兴建中，其中4个地盘为全资拥有。“长实”上市时预期年度利润为1 250万港元，但由于其间地价、楼价大幅上升，“长实”在上市后第一个年度获利4 370万港元，相当于预算利润的3.5倍。

“长实”上市后即利用发行新股作为工具大规模集资，并趁地产低潮期大量购入地皮物

业，先后购入及兴建轩尼诗道8幢旧楼、皇后大道中联成大厦一半权益、观塘中汇大厦、皇后大中励精大厦和德辅道中环球大厦等。1974年，“长实”与加拿大帝国商业银行合作，组成加拿大怡东财务公司，第一次将外资引入香港按揭市场。同年，“长实”从李冠春和冯平山家族下的华人置业手中购入位于中区毕打街的华人行，并与汇丰银行合作重建华人行，作为集团的总部所在地。这时，“长实”的实力已深受汇丰银行、加拿大帝国商业银行的重视。

1975年，“长实”趁香港经济不景气、地产市道低迷，再次作重要扩展。它以8 500万港元的低价，从太古地产购入北角宝马山道赛西湖地盘。赛西湖占地86.4万平方英尺，“长实”在该地盘兴建925个1 260至1 640平方英尺的大型住宅单位以及商场、停车库等，总楼宇建筑面积达132万平方英尺，平均每平方英尺地价成本仅为64港元，十分便宜。1977年，“长实”趁地产市道转旺，将赛西湖大厦推出发售，每平方英尺楼面售价达279至344港元，“长实”及加拿大帝国商业银行共赚得毛利1.3亿港元。此次成功，为“长实”以后一连串的成功赢得了发展机会。

“群雄逐鹿”中标地铁

1977年，李嘉诚参与了地铁中环站、金钟站上盖兴建权的竞投。

地铁工程，是当时香港开埠以来最浩大的公共工程。整个工程计划8年完成，需耗资约205亿港元。首期工程由九龙观塘穿过海底隧道到达港岛中环，全长15.6公里，共15个站，耗资约56.5亿港元。资金来源主要包括：由港府提供担保获得银行的各类长期贷款；地铁公司通过证券市场售股集资；地铁公司与地产公司联合发展车站上盖物业的利润充股。

中环站和金钟站，是地铁最重要、客流量最大的车站。中环站是地铁首段的终点，位于全港最繁华的银行区；金钟站是穿过海底隧道的首站，又是港岛东支线的中转站，附近有许多著名建筑，与中环银行区近在咫尺。

有人说，中环、金钟两站，就像鸡的两只大腿，其上盖将可建成地铁全线盈利最丰厚的物业。地产商莫不“垂涎欲滴”。

李嘉诚何尝不为之心动！不过他更看重的还不是上盖发展的利润，而是“长实”的声誉。在当时的人们眼里，“长实”只是一家在偏僻的市区和荒凉的乡村山地买地盖房的地产公司。在寸土尺金、摩天大厦林立的中区，“长实”无半砖片瓦！

这时的李嘉诚涉足地产业已近20个春秋，盖了不少建筑，积累了不少经验，他觉得是到了改变形象的时候——进军港岛中区。早在1976年下半年，香港地铁公司将招标车站上盖发展商的消息，就被新闻界炒得沸沸扬扬。1977年初，消息进一步明确，地铁公司将于1月14日开始招标，地段是邮政总局原址。原址拆卸后，兴建车站上盖物业。

李嘉诚从各种渠道获悉，港府工务局对中区邮政总局原址地皮估价约2.443亿港元，另加上九龙湾车厂地皮估价，两者合计约6亿港元。港府将以估价的原价批予地铁公司，由地铁公司发展地产，弥补地铁关键经费的不足。地铁公司为购地皮，曾多次与港府商谈，地铁公司的意向是，用部分现金和部分地铁股票支付购地款，而港府坚持要全部用现金支付。李嘉诚由此首先明确一点：竞投车站上盖发展权，必须以现金支付为条件。

李嘉诚知道地铁公司与港府在购地支付问题上产生分歧，说明地铁公司现金严重匮乏。地铁公司以高息贷款支付地皮，现在急需现金回流以偿还贷款，并指望获得更大的盈利。李嘉诚在投标书上提出将两个地盘设计成一流商业综合大厦的发展计划。这仍不足以挫败其他竞投对手。任何竞投者都会想到并有能力兴建高级商厦物业。李嘉诚的“克敌”之法是：首先，满足地铁公司急需现金的需求，由长江实业公司一方提供现金做建筑费；其次，商厦建成后全部出售，利益由地铁公司与长江实业分享，并打破对半开的惯例，地铁公司占51%，长江实业占49%。这对“长实”来说，是一笔沉重的现金负担。李嘉诚决定破釜沉舟，在准备充分的前提下，做一次冒险。1976年冬，“长实”通过发行新股，集资1.1亿港元，大通银行应允“长实”随时取得2亿港元的贷款，再加上年盈利储备，李嘉诚可资调动的现金约4亿港元。

1977年1月14日，香港地铁公司正式宣布：公开接受邮政总局原址发展权招标竞投参与方数。各竞投公司频频与地铁公司接触，刺探地铁公司意图，准备投标书及附件，在限期内呈交上去。公开招标为各公司提供了一个平等机会，投标书内容则属机密。投标中标法则是：若过多考虑自己一方的利益，则中标希望小；若条件过于优惠对方，自己则毫无利益可图。各家都对投标内容秘而不宣，任记者发挥想象揣测。参加竞投的财团、公司共30家，超过以往九龙段招标竞投参与方数1倍多。其中，置地公司以其一贯的优势，被大多数媒体看好，中标呼声最高。

1977年4月5日，中标结果宣布：长江实业公司中标。这天，香港各报章均围绕“长实击败置地”报道中标结果。舆论界称，“长实”中标，是“长江实业发展史上的里程碑”，地产新秀李嘉诚“一鸣惊人，一飞冲天”。

1978年5月，地铁中环站上盖建筑——环球大厦开售，总值达5.9亿港元的物业在8小时内全部售罄。同年8月，地铁金钟站上盖建筑——海富中心开始售卖，首日成交额逾9成。两项交易均破香港地产纪录。

地铁中标一役，“长实”不仅赚取厚利，而且声名鹊起。它在香港地产界的崇高地位，被正式确认。

"蛇吞象"收购和记黄埔

1972年，李嘉诚一手创办的长江实业有限公司在香港联合交易所上市。而那些颇具成长性的公司也进入了李嘉诚敏锐的视野范围内。

其中，李嘉诚以市值6.93亿港元的"长实"控制市值62亿港元的和记黄埔，被誉为"蛇吞象"的案例，也成为香港收购战的头号经典。

和记黄埔集团由两大部分组成：一是和记洋行，二是黄埔船坞。"二战"之后，和记洋行落入祈德尊家族之手。1969—1973年，祈德尊趁股市大牛冲天，把包括黄埔船坞在内的许多公司归于旗下。然而，1973年中，股市大灾，接着是世界性石油危机，加上香港地产大滑坡，和记集团掉入财政泥淖，接连两个财政年度亏损近2亿港元。1975年8月，汇丰银行注资 1.5 亿港元解救“和记”，得到“和记”33.65%的股权，成为其最大股东，而黄埔船坞由此脱离“和记”。1977 年 9 月，“和记”再次与“黄埔”合并，改组为“和记黄埔（集团）有限公司”。

而李嘉诚一直在关注“和黄”的发展。他认为这是一家极具发展潜力，只是目前经营不善的集团公司。另外，他洞悉汇丰不会长期持有“和黄”股，因为汇丰银行身为香港金融至尊，不会长期背上“银行操纵企业”的黑锅，因此汇丰出售“和黄”股权势在必行。

李嘉诚频频与当时的汇丰大班（旧时对外国公司、洋行的经理的称呼）沈弼接触，二人交情日深。沈弼十分赞赏李嘉诚精明诚实的作风，他认定李嘉诚可以重振“和黄”。汇丰出售“和黄”股权，不是单纯地卖出股票套利，而是希望“和黄”得遇明主，重振昔日雄风。因此，在 1979 年 9 月，汇丰以每股 7.1 港元的价格将其手中持有的占 22.4%的 9 000 万“和黄”普通股售予长江实业集团。当时，对汇丰“和黄”股垂涎者甚多，但沈弼及汇丰银行根本没有考虑让人角逐和竞争。汇丰卖给李嘉诚的“和黄”普通股价格只有市价的一半，并且同意其暂付 20%的现金，对李嘉诚优惠至极。接下来，李嘉诚集中火力，乘胜追击，继续在股市大量吸纳“和黄”股票。

1981 年 1 月 1 日，李嘉诚被选为和记黄埔有限公司董事局主席，和黄集团也正式成为长江实业集团旗下的子公司。当时，长江实业集团实际资产是 6.93 亿港元，而和记黄埔的市价总值是 62 亿港元。

李嘉诚以小博大，以弱胜强，成功控制巨型集团“和黄”，难怪被称为“蛇吞象”。

兼并“和黄”，使李嘉诚成了首位收购英资商行的华人。李嘉诚就是以这样沉稳的性格收购和记黄埔，从而打破了英资门庭森严、唯我独尊的格局。时至今日，李嘉诚仍认为收购和记黄埔是他在创业生涯中最成功、最动人、最漂亮、最值得骄傲的一仗。

涉足香港电灯公司

李嘉诚收购“和黄”后，集团的扩张步伐并未就此终止，他开始将目标指向香港电灯公司。香港电灯公司也是一家老牌英资上市公司，创办于1889年，到20世纪70年代已发展成一家多元化的大型企业集团，业务包括发电、地产、工程服务以及电器贸易等，已跻身香港十大上市公司之列。

早在1980年11月，李嘉诚已与“港灯”建立合作关系。当时，“长实”与“港灯”合组国际城市集团有限公司，合作将“港灯”的地皮发展为住宅物业，包括北角的城市花园、荃湾的丽城花园等。1982年4月，怡和透过置地向“港灯”发动“破晓突击”行动，收购“港灯”34.9%的股权，成为该公司大股东。1983年，李嘉诚洞悉置地在地产投资方面遭遇险境，遂向怡和、置地游说，购入他们手中的“港灯”股票，但双方条件始终谈不拢。李嘉诚知己知彼，并不急于行动，静等有利时机的出现。

其后，置地的财政困难加重，怡和及置地主席西门·凯瑟克曾主动与“和黄”接触，但要价在每股6.5至6.6港元，比当时市价约高出12%。李嘉诚看到事态正向他所预料的方向发展，遂还价以低于市值10%收购，当时置地手上的“港灯”股份平均成本连同利息计算为每股6.6港元，如以李嘉诚的还价，账面损失将超过4亿港元，因此有关谈判再度搁置。及至1985年初，置地的财政危机日深，怡和的幕后航手、前主席亨利·凯瑟克遂亲自从伦敦飞抵香港，会晤怡和高层，决定将“港灯”售卖。

同年1月21日下午7时，西门·凯瑟克亲自到华人行会见李嘉诚，经过两小时会谈，双方终于根据李氏半年前收购“港灯”时的原则达成协议，不过，由于“港灯”市价已上升，李嘉诚提出较市价低13%的条件，且该次交易包括“港灯”的末期息。结果，李嘉诚透过“和黄”以29.05亿港元价格收购置地名下34.6%的香港电灯公司股权，每股价格为6.4港元，仅是“港灯”市价的八成半。

进军电讯市场

20世纪80年代中，李嘉诚旗下的和记黄埔向传呼服务和移动电话市场进军，成为华资大财团中率先进入电讯业的集团。其实，香港的传呼服务早在20世纪60年代末已展开。1969年8月，一位美国驻港记者向港府邮政署取得传呼牌照，在港岛跑马地安装一部发射机，提供传呼服务。第二家传呼机公司，创办于1970年，1974年被佳讯有限公司接收，佳讯以大机构及政府部门为重点推销对象，结果在数年间便吸纳了大量客户。70年代，港府鉴于传呼服务需求大增，便增发十数个传呼经营牌照，其中，当时英资的香港电话公司亦增设传呼服务。

80年代中，“和黄”看准香港电讯市场的巨大增长潜力，于1985年推出手提无线电话，并进军传呼机市场。“和黄”在市场大举收购各大小传呼公司，一时间即购入7家传呼电台，客户逾16

万。到80年代末，“和黄”旗下的和记传讯已成为香港最大的传呼服务公司，1989年底已拥有100个传呼站，为23万客户服务，占香港传呼市场的50%份额。而“和黄”旗下的和记电话公司，亦提供占香港总量55%的蜂窝式移动无线电话服务，用户已有5万多，在香港移动电话市场占领先地位。

1991年2月，港府颁发4个经营CT2即第二代移动电话牌照，所谓第二代移动电话，是指利用telepoint的技术来传递讯息，它跟蜂窝式移动电话的不同之处是，它在室外时只可以打出电话，但不能接收电话，它只能与传呼机一同使用，才可达到移动电话效果。在CT2的竞争市场，“和黄”旗下的和记天地线可算一马当先，到1994年底最高峰时，和记天地线拥有的客户达到12.5万户，市场占有率超过50%，而其士集团的其士步步通则紧追其后，拥有逾5万户客户。不过，第二代移动电话在数码移动电话的价格大幅下降时遭到激烈竞争，其客户迅速流失，到1996年初，和记天地线的客户已下降至不足6万户，公司被迫于同年5月结束服务，而其余的其士步步通及太平专讯经纬站亦于稍后结业。

“和黄”结束天地线后转而加强对移动电话市场的争夺，1995年先后推出GSM数码移动电话和CDMA（美式数码系统）移动电话，并展开猛烈的宣传及推广攻势。

在加拿大购入赫斯基石油公司

在 20 世纪 80 年代中期，李嘉诚开始大规模海外投资。1986 年 12 月，在加拿大帝国商业银行的撮合下，李嘉诚透过家族公司以及“和黄”，斥资 32 亿港元收购赫斯基石油公司 52%股权，其中，“和黄”与嘉宏国际合组的联营公司 Union Faith 购入 43%股权，而李嘉诚的长子李泽钜购入 9%股权。此外，李嘉诚拥有 9%股权的加拿大帝国商业银行也购入赫斯基 5%股权。

其时，在经历了 70 年代两次石油危机后，油价陷入低潮，全球石油股票低迷，李嘉诚却在这时看好石油工业，作出他当时最大的一笔跨国投资。

李嘉诚曾表示，当初投资赫斯基主要有两个原因：一是他个人对加拿大有特别的感情；二是他本人与赫斯基原总裁私交甚笃，相信他的指引。

根据当时加拿大的商务法则，外国人不能购买“财政状况健全”的能源公司。彼时，赫斯基拥有5 000余口石油及天然气生产井的开采权，其中约40%由本公司开采，此外还持有重油精炼厂26.67%股权以及343间汽油站。除因油价低迷因素带来的资金周转困难外，并没出现债务危机。

李嘉诚家族凭长子李泽钜于1983年加入加拿大国籍，避过了针对外国人的投资限制。

“80年代时，中东国家和美国有分歧，石油供应紧张。那时（我）就想：加拿大有石油，政治环境相当稳定，就趁赫斯基亏蚀的时候把它买过来。”李嘉诚在多年后回忆说。

李嘉诚收购赫斯基后，展开一系列急速扩张行动，趁低价购入更多的石油储存，以及多钻取石油以减低负债。1988年6月，李嘉诚斥资3.75亿加元，全面收购加拿大另一家石油公司Canterra Energy Ltd，使赫斯基的资产值从原来的20亿加元扩大一倍。1991年10月，赫斯基的另一名大股东Nova集团以低价将所持的43%股权出售，李嘉诚家族斥资17.2亿港元取得了赫斯基的绝对控制权。

经过多年开源节流和技术改造，李嘉诚把赫斯基由一家亏损企业变成了利润驱动器。同时，李嘉诚不断增购赫斯基石油股权。

他成了加拿大的投资英雄。加拿大的商务官员和商人为了便于与李嘉诚接触，把办公室也搬进了唐人街。

2000 年 8 月，赫斯基在加拿大上市，当时有报道说，李嘉诚为此获利 65 亿港元。

第四章　创业成功回馈社会

一个人的财富也许很少，也许很多，但是这与其对社会贡献的大小永远都不能画等号。因为每个人的思想不同，教育不同，注定了其为自身以外的人付出的多少也会有所不同。但是李嘉诚的个人经历使他明白生活的不易，所以他慷慨解囊，为社会做出了很大贡献。

“游子”回乡建公寓改善医疗

1978 年 9 月底，李嘉诚作为港澳观礼团的成员，应邀到北京参加国庆典礼。这是李嘉诚有生以来，第一次来到祖国首都；也是他逃避战乱远走他乡的 38 年来，第一次踏上祖国内地的土地。

李嘉诚急需了解祖国内地，内地也需了解已建功立业的游子。

观礼团受到国家领导人的亲切接见，游览了天安门、故宫、颐和园、十三陵、长城。那时正是十一届三中全会刚召开后不久，李嘉诚从首都人民的精神面貌上，预感到内地将会发生巨变。

李嘉诚先生为潮州医院奠基

同时，他又从街景、车流、人的服饰等表层现象，看出内地的贫穷落后。首都如此，乡村就更不用说了。虽然他通过传媒，已对内地的贫困状况并不陌生，但现在亲睹，还是别有一番滋味在心头。

我该为祖国为家乡做些什么？这一问题时时萦绕在他的心头。

这年年底，李嘉诚从家乡的来信中，获悉潮州有很多返城的“黑户”，或露宿街头，或挤在临时搭起的矮棚笼屋中。李嘉诚深感不安，马上复函至家乡政府，提出捐建“群众公寓”以救房荒之急。幼时，李嘉诚随父读过杜甫的诗句“安得广厦千万间，大庇天下寒士俱欢颜”。在香港，他承建的楼宇近千万平方英尺，却也不敢将自己的行为，与杜甫的诗联系在一起，因为那都是出于商业利益。于是他决定抛除商业利益，以个人名义向家乡捐建一所群众公寓，虽不能从根本上解决房荒，但也算是为家乡父老略尽绵薄之力。

群众公寓两处共 9 幢，4～5 层不等，建筑面积 1.25 万平方米，可安排住户 250 户。李嘉诚共捐资 590 万港元。工期分几年完成，陆续迁入新居的住户无不欢天喜地，有位新住户在门联上写道：“翻身全靠共产党；幸福不忘李嘉诚。”

1979 年，李嘉诚回到阔别 40 年的家乡。当晚，在潮州市政府举行的茶话会上，李嘉诚说出一席感人肺腑的话：“我是 1939 年潮州沦陷的时候，随家人离开家乡的，到今天已经整整 40 年了。40 年后的今天，我第一次踏上思念已久的故乡的土地，虽然一路上我做好了心理准备，我知道僻远的家乡与灯红酒绿的香港相比，肯定是有距离的，但是我绝对没想到距离会这么大。就在我刚下车的时候，我看到站在道路两边欢迎我归来的我的衣衫褴褛的父老乡亲们，心里很不好受。我心痛得不想说话，也什么都说不出来，说真的，那一刻，我真想哭……”李嘉诚说到这，已泪水潸然。

回港后，李嘉诚与家乡飞鸿不断，他在信中恳切地说：“乡中若有任何有助于桑梓福利之事，我甚愿略尽绵薄之力。原则上以领导同志意见为依归。倘有此需要，敬希详列计划示告……月是故乡明。我爱祖国，思念故乡。能为国家为乡里尽点心力，是我的荣幸……本人捐赠绝不涉及名利，纯为稍尽个人绵力……”

1980年，李嘉诚捐资2 200万港元，用于兴建潮安医院和潮州医院，大大改善了潮州的医疗条件。

其后，李嘉诚积极响应市政府发起的“募捐兴建韩江大桥活动”。李嘉诚捐款450万港元，名列榜首，庄静庵（其舅父、岳父）居第二，陈伟南（香港屏山集团主席，饲料大王）列第三。大桥于1985年奠基，1989年竣工。在大桥东侧的笔架山上，有一座韩江大桥纪念馆，在捐资芳名榜中，李嘉诚的彩色大照位于正中。

李嘉诚还多次捐善款，资助家乡有关部门，设立医疗、体育、教育的研究与奖励基金，每笔数额从10万到150万港元不等。

李嘉诚慷慨解囊，善举义行，在家乡广为流传。尤其令人称道的是，他淡泊名利，保持低调。他不同意以他的名字为潮安、潮州两所医院命名。1983年元宵节，家乡政府有多项工程落成，邀请李嘉诚参加包括潮安、潮州医院在内的开幕剪彩仪式，但他始终不愿参加。最后在有关领导的多次劝说下，才在开幕前的一分钟赶往医院参加剪彩仪式。

“竭诚尽力”创办汕头大学

汕头大学坐落于汕头市郊桑浦山南麓，面对辽阔平原，背靠青苍山峦，校园环境幽雅宁静。

1980 年 9 月，庄世平与李嘉诚在香港商谈建汕头大学事宜。(庄世平原是香港南洋商业银行董事长，曾任第七、八、九届全国政协常委，全国侨联副主席。）两人商议后，李嘉诚决定捐出 3 000 万港元作为第一期筹建经费，1983 年增加至11 000万港元，并开始招生事宜，其后捐款数额再次增加。

“整个校园的建筑特色集中了中西方大学的优点，其显著特点是：采用套方式密集型的四合院布局与支柱层架空庭院式相结合；处处连廊相通，连廊长 600 米；能适应长期发展需要，既可以分期建设而条理井然，又能确保原设计的统一格调。”

校园建筑的硬件水平是提高了，可还有一些软件不尽如人意。这不是有钱就能做到的，必须依靠政府。于是，李嘉诚给邓小平写了一封信，向国家领导人求助。

1986 年 6 月 20 日，邓小平在人民大会堂会见了李嘉诚，赞扬了他捐办汕头大学的爱国行为。邓小平对李嘉诚，同时也是对陪同会见的有关负责同志说：“创办汕头大学是一件好事！汕头大学要办，就一定要办好。要从全国选拔一批好的教员到那里去，把‘汕大’办好！‘汕大’应该办得更开放些，办成全国重点大学。”

李嘉诚为创办汕头大学，倾心竭力，不计名利。有关领导多次询问李嘉诚的意见，想把某幢建筑以他或他父亲李云经先生的名字命名，李嘉诚坚决反对。在大礼堂的命名问题上，有人知道李嘉诚不会同意用自己的名字来为大礼堂命名，就建议把大礼堂命名为“未名堂”。可李嘉诚还是“识破”了好心人的“鬼主意”，予以拒绝，他说：“本就是大礼堂，就叫‘大礼堂’不是很好吗?”

人们由此联想到陈嘉庚先生，陈先生也是坚决拒绝以他的名字为学校、建筑命名，更反对为他立塑像。李嘉诚、陈嘉庚都未在校园为自己树碑立传，但他们的高风亮节，却在人们心中树起一座丰碑，在中国教育史上写下令后人景仰的篇章。

广东省委书记林若，把李嘉诚创办“汕大”的义举比喻成“彩带丰碑”。“彩带”，即联系全世界华人之彩带；“丰碑”即李嘉诚的业绩。

1990 年 2 月 8 日，汕头大学全面落成，并举行了盛大的典礼。是日，李嘉诚携李泽钜、李泽楷两公子及长实集团高级助手参加典礼。

汕头大学校长在答谢词中说：“李嘉诚先生为了创办汕头大学，不但慷慨解囊，捐献近 6 亿港元，而且亲自参与筹划，为解决‘汕大’的种种问题竭尽全力。李嘉诚先生捐资兴学、育才强国的义举，将在我国高等教育史上留下光辉的一页!”

汕头大学校董事会主席吴南生，撰写了《汕头大学建校纪略》，镌刻在大理石石碑上，该文记述了建校的全过程，并对中央、省、市各级领导和李嘉诚先生，以及海内外各方人士表示感谢。碑石立于校园中心广场的中央。

国家危难　带头赈灾

1991年5、6月份以来，我国有18个省、自治区、直辖市发生水灾，5个省、自治区发生严重旱灾。截止到1991年7月5日，全国因灾死亡人数已达1 270人。

灾情最严重、损失最大的是安徽和江苏两省。据初步统计，安徽全省受灾人口4 800多万人，约占全省总人口的70%，因灾死亡267人，农作物受灾面积430多万公顷，各项直接经济损失总和近70亿元人民币。江苏全省受灾人口4 200多万人，占全省总人口的62%，因灾死亡164人，农作物受灾面积300万公顷，各项直接经济损失总和近90亿元人民币。

中央政府对这两省的救灾工作予以特别关注。但是，由于灾害造成的损失大、波及范围广，仍有200万人无家可归，并已有灾民患了肠道疾病，大量的公路、桥梁等设施急需修复。

陈虹代表中国政府，紧急呼吁联合国有关机构、各国政府、国际组织，以及国际社会各有关方面，向中国安徽、江苏两省提供人道主义援助。

李嘉诚先生从报刊上读到关于“安徽、江苏地区遇上百年未见洪峰，灾情特别严重”的信息，心情很沉重，他密切关注着灾情的后继发展。他曾私下对老朋友许伟先生谈道："好几个夜晚我都睡不好觉！"

1991年7月12日清晨六点钟，李嘉诚听到了香港电视台播放的"中国政府的紧急呼吁"新闻报道。国家处于危难之际，正是义者报国之时。李嘉诚顾不上把早餐吃完，立即拨通电话，与"长实"、"和黄"、"港灯"、嘉宏四大公司的负责人取得联系并达成共识，李嘉诚决定以下属四大公司的名义，带头捐款5 000万港元，赈助华东灾区。"长实"董事局主席办公室经理鲍绮云小姐的家突然响起了电话铃音，李嘉诚焦急的声音从听筒中传出："你赶快到新华社香港分社去！找到任何一位社长都行。我只要求见他五分钟。如果他很忙，就算站五分钟说说话也行！"鲍绮云马上按李嘉诚的吩咐，驱车前往新华社香港分社完成了联络工作。

是日下午3时前，李嘉诚派出秘书，将总值5 000万港元的四张支票，送到了新华社香港分社，并附上一封给社长周南、副社长郑华的亲笔签名信。他在信中这样写道：

"身居香港，本人认为应较其他地区率先作出实际支援，希望可带来一个迅速的引导作用。本人谨代表集团四间上市公司附上支票四张，共计港币五千万元，请两位社长与有关部门联系，以最高效率及最佳方法，让捐款可以尽快帮助灾区人民，达到最好效果。"

李嘉诚的带头捐赠行动，产生了良好的引导性效应。香港演艺界发起了"血浓于水"的筹款行动，持续进行了两个月，堪称史无前例！而稚童及老人的捐献，尽管"竭尽所蓄"仍数目有限，但也诚属"救灾不嫌百十金，点点滴滴表真情"之举。

在那一年的7月19日，李嘉诚的家乡广东潮汕地区，又受到七号强台风的袭击，损失惨重。李嘉诚获悉这一情况后，当即与汕头市委书记林兴胜取得联系，询问具体灾情，并请林兴胜书记转达他对潮汕人民的关切和慰问。同时，主动捐款500万港元，以供汕头大学及潮汕灾区大中小学校维修校舍之急需，再一次表现了他的赤子深情。

李嘉诚先生不愧是中华民族的精英和代表。

“慷慨解囊”关注残疾事业

李嘉诚不但在生意场上是个胜者，在人生的舞台上，他同样是我们的楷模，在关注祖国建设，为祖国的医疗建设、福利事业的捐资当中，他从来都是走在前面的。其中，他对残疾人的资助，使很多人重获新生。

因患小儿麻痹留下后遗症的翟艳萍在地上蹲行了漫长的28年，是李嘉诚的资助，使她得以接受矫治手术，开始新的生活。如今的翟艳萍有工作，有家庭，还有了可爱的孩子。提起李嘉诚，翟艳萍泪流满面地说："28年来，这是我第一次站起来做人，李先生是我的大恩人，是他让我有了新生！"

在中国，像翟艳萍这样，在李嘉诚的资助下改善生存环境的残疾人还有很多。据中国残疾人联合会统计，在内地700多万盲人中，有约107万白内障致盲者，在李嘉诚的资助下得到治疗并重见光明，占了盲人总数的1/7。难怪中国盲文出版社出版的第一本盲文传记就是《李嘉诚传》。众所周知，由于盲文的特殊性，盲文书刊成本非常昂贵，通常由国家补贴、按计划限量印制。但是，应盲人的要求，中国盲文出版社在没有国家补贴的情况下，自发出版了这本书。《李嘉诚传》一书的盲文版出版后，很快销售一空。出版社附设图书馆留下供盲人借阅的20套《李嘉诚传》，也一直在尚未归还的时候就被预定出去了，这本书的读者遍及各地。现在，厚厚的牛皮纸上的盲文凸字几乎已被一双双手磨平。

面对人们深深的感激，李嘉诚表示："报效桑梓，是我作为一个国民应尽之天职。"

李嘉诚作为全球华人首富，在自己生活上的花费很少，但他花在慈善事业上的金钱和时间可不少。如今，他20%的时间都用在慈善活动中，并表示将来要为慈善事业投入更多的精力与资金。

李嘉诚历年对公益事业的捐款达几十亿港元，其中对中国残疾人联合会的捐款，他认为"最深具意义"。自1991年与下属集团一起向中国残联捐款1亿港元之后，多年来，李嘉诚从未间断与残联领导的晤谈，一直关心着残疾人这个社会弱势群体的状况。中国残联原主席邓朴方感慨地说："在我们创业之初，李先生的捐款真是雪中送炭，催生了《中国残疾人事业‘八五’计划纲要》，带动了事业的全面发展，给六千万残疾人的命运带来深远的影响。”

2000年，李嘉诚基金会与中国残疾人联合会合作，推行“长江新里程计划”公益项目第一期，在全国设立200所普及型义肢装配站及培训400名义肢安装技师，创办北京听力语言康复技术学校，培养500名训练失聪儿童的教师，在全国贫困地区设立残疾人综合服务中心，培训失明人士成为保健按摩师。2007—2011年，李嘉诚基金会与中国残联再次合作，支持“长江新里程计划”公益项目第二期。配合中国残疾人事业“十一五”规划，实施“假肢服务”“高科技助残就业”“脑瘫儿童康复及残疾预防”三个子项目。

有人曾问李嘉诚，自己是否考虑过捐赠眼角膜的事，他洒脱地表示：“我早已说过，到时所有还有用的器官，我都愿意捐出来。”可见，他对于残疾人的关怀并不仅仅是金钱、物质上的，而是从内心深处要帮助他们。

李嘉诚有个宗旨——发达不忘家国。他认为“没有钱是办不成事的”，但“金钱却也不是万能的”，“对有些地方、有些事，就是有了钱也不能解决问题”，“只要我捐出的有限的钱，能为社会带来较大的益处，我就终身无悔，我当努力办实业，只有盈余多了，才能拿出多一些的钱，用于社会”……

李嘉诚的“第三个儿子”

金钱，对华人首富到底意味着什么？当你拥有全世界，还会想要什么？

2006年8月30日，李嘉诚宣布把其私人持有的约28.35亿股长江生命科技股份悉数捐给李嘉诚基金会，以当天长江生命科技的收盘价0.85港元计，这部分股权总值约24亿港元。李嘉诚承诺，未来还将有巨资投入，“直到有一天，基金一定不会少于我财产的三分之一”。2007年初，《福布斯》统计李嘉诚身家约230亿美元。但这个数字仅限于他对长江实业集团旗下上市公司的持股市价，并未计算其他私人投资。从最保守的角度估算，230亿美元的三分之一，约77亿美元，这将是全球华人私人基金会中金额最高的一个。基金会未来收到的捐款，将随着李嘉诚私人财富的扩张，只多不少。

年轻时，李嘉诚曾经是金钱的追求者。1956年，李嘉诚28岁，就已经跻身百万富豪之列。那时候的他，体会到物质享受的乐趣：西装来自裁缝名家之手，手戴百达翡丽高级腕表，开名车，甚至拥有游艇。他也开始尝试上流社会的玩意，玩新型莱卡相机，并在列提顿道半山腰买了面积近两百平方米的新宅，将母亲接来同住。新宅面向维多利亚港，与当时一般香港人的住房相比，这已经算是“豪宅”。

但是，搬进新家那天晚上，他彻夜难眠。数十年后的今天，他都还清楚地记得，那一个失眠的夜晚。躺在偌大的床上，月光将窗外的树影投射进屋内，风吹得它们摇摇晃晃，如真似幻。16 年前，一家人在月光下从潮州山区仓皇逃离的景象，仍如此清晰。童年与祖母相偎而眠的温暖；到香港后必须搬开家具才能全家打地铺入睡的辛酸；创业后以工厂为家，唯有机器运作的声音能让他安稳入睡，机器一停他就惊醒的不安……曾有的快乐与痛苦，一幕幕浮上眼前。新家的安静、宽敞，显得多么不同。

“还不到三十岁，我就拥有足够我一生开销的钱。”变成富翁后，他却茫然了，“为什么有钱不如我想象中的这么快乐?”望着窗外，他问自己。他走出新家，驾车往山上开，在西半山宝珊道这条单向道的尽头停下，坐在树下的石头上，望向维多利亚港思考：“我这么有钱，身体很好，为什么没有非常快乐？我不喝酒、不赌博、不跑舞厅，我赚再多，也不过如此。财富能令人内心拥有安全感，但超过某个程度，安全感的需要就不那么强烈了。”李嘉诚发现，金钱带来的快乐满足感是不能持久的。

思索持续到第二天晚上，他终于找到解答：“人不是有钱就什么事都能做到，但很多事，没有钱却一点也做不到。我一路做，将来有机会，能对社会、对其他贫穷的人有贡献，就是我来到世上可以做的。”从那时开始，他不再重视一般的外表与物质，而是享受简单的生活。他领悟出：“内心的富贵，才是真富贵。”

28 岁后，他转而探索内心的富贵。真正成立李嘉诚基金会是 1980 年，他 52 岁时，基金来自他的私人捐款。从此，该基金会就变成了他生命中很重要的一部分。

这么多年来，李嘉诚私人捐给基金会的金额究竟有多少？他不肯透露。别人也难以估计，因为香港法令允许基金会进行投资，投资回报可以在其基金会内滚存，所以李嘉诚基金会的规模恐怕远比其他人想象的大。“我跟家里人讲，这个基金会要永远留下，如果我今天离开（人世），基金会只要每年拿出30%的收入，已经比我现在捐的多得多。”李嘉诚透露。

外界的焦点是：李嘉诚捐了多少钱？但都忽略了他内心的挣扎。这是一段很挣扎的转折。

2003年春天的某个夜里，他为了基金会的未来，彻夜未眠。他体会到自己年事渐高，很希望基金会能无止境地运作下去。但无止境地运作，需要有一大笔资金做基础才能钱滚钱，做更多的事。但他担心，这样是否剥夺了原本该属于子孙的财富。

这天晚上，他陷入沉思：“几十年的努力工作，每一分一毫都得之不易，都是清白的钱，却要把这么多的钱送给你不认识的人，这样做值不值得？儿孙们能体会吗？”他一定不要下一代经历他曾经有过的苦难。他曾经跟儿子说：“我吃苹果的味道，跟你们都不一样。我吃苹果的味道，比你们香得多。因为我小时候，经过蔬果店，看着灯光照耀下的水果是那么漂亮，感觉那么香甜，但我没有钱可以买。”

正是因为他自己曾经经历过这样的苦难，所以才在情感的天平上有些失衡，内心有了那么多的挣扎：天平的一端是他的骨肉至亲，另一端是可实现他的理想并且对于他来说很重要的事。突然，他领悟出一个道理：“我现在有两个儿子，如果，我不是两个儿子，而是三个儿子，我是不是也要给第三个儿子一份财产？”只要将基金会视为自己的第三个儿子，财产分三分之一给“他”，不就理所当然了嘛。

心念一转，他便豁然开朗。“这个思想上的突破，让我开心了很多天！那种安慰、愉快的感觉，实在是难以用笔墨形容！”李嘉诚透露当时的心情。“财富到某一个数字，衣食住行都无忧，握在手里的用途就不大。如果你不能做到慷慨割舍、有爱心的话，钱就没有太大意义了，顶多就是遵照华人的传统观念，一代交给一代，如此而已。”他说，“但如果将选择捐助财产想象得有如分配给儿女一样，那我们今日一念之悟，将为明天带来更多的希望。”

令他更高兴的是，当他公布自己的捐款计划后，至少有五名企业家向他表示，认同他“第三个儿子”的想法。“他们说，嘉诚啊，你想到我们没想到的。我们也跟着你做。”甚至，有一次在英国，李嘉诚碰到一位印度大企业的领导人对他说：“你这样做，解除了我一个很大的思想困惑。”

2005年，李嘉诚将私人投资的加拿大帝国商业银行持股出售，所得78亿港元全数捐予基金会，李嘉诚用独到的方式诠释商人的概念。而且，李嘉诚的私人捐款，全部是缴税后捐出的。李嘉诚说：“基金会所有收益，不可以为我本人、我的家族成员或基金会任何成员或董事，带来任何直接或间接的个人利益。”

“除了我固定控有股权的上市公司包括‘长实’、‘和黄’、赫斯基（Husky）之外，我将五十多年的积蓄，全部无条件地捐献出来。我庆幸自己能做出这个正确决定，一夜无眠也是值得的，自己绝不会后悔。”他跟家人说：“我一生可以成立这样规模的基金，心里绝对不会感到惋惜。捐出来，是高高兴兴地捐出来；去做，也是高高兴兴地去做，一点都不会后悔。”

让财富服务于社会

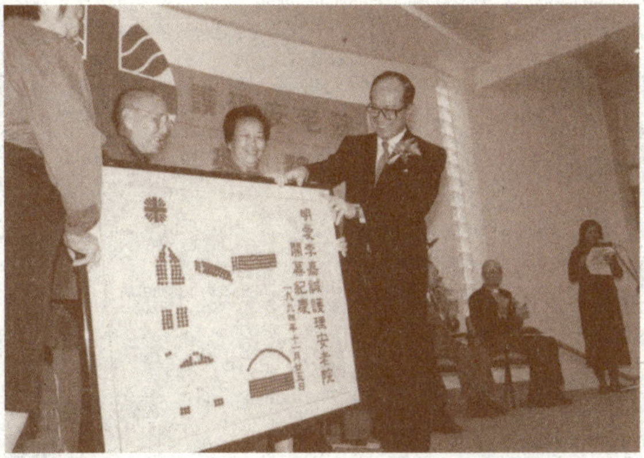

上世纪 90 年代中期，一次电视访谈节目中，主持人宣布李嘉诚为香港首富。李嘉诚说：“不，所谓‘首富’大家都明白，是一个错误。在香港比我有钱的人不少，我不可以讲出他们的名字，然而大家都明白。但是，富不富要看你的做法，是怎样富的。如果单以金钱来算，我在香港第六、第七还排不上。我这样说是有事实根据的。我认为，富不富要看他是怎么做的。照我现在的做法，我自己内心感到很满足，这是肯定的。”

从这段话中可以看出，李嘉诚并不在乎首富这个虚名，他更看重的是自己的为人，看重用钱来干什么。是为善，还是为恶？是为大家，还是为自己？他一再表示，能为国家、为故乡略尽绵薄之力是他的荣幸。

此外，李嘉诚与夫人庄月明和母亲庄碧琴老夫人，还先后捐资 111 万余港元修复了潮州市的开元镇国禅寺的山门、天王殿、大雄宝殿、观音阁等。他们的名字都已镌刻在大寺内左侧回廊“乐善好施”的碑石上。

1987—1990 年，李嘉诚又捐资 80 万港元给潮州、潮安两所医院作“医疗福利基金”；1985 年，他给潮州市庵埠华侨医院捐赠了 12 万港元；1989 年，捐赠 10 万港元给潮州作为“教育奖励基金”；1990 年，捐资 150 万港元建潮州市体育馆。此外，1992 年还捐款 50 万港元赞助南澳县人民医院。

李嘉诚为国家、为家乡做了许多好事，但却一贯秉承“低调”的做人准则，“只期默默耕耘，不拟作任何宣传”，也不愿出席剪彩仪式。在香港是这样，在汕头、在广州是这样，在家乡也是这样。

李嘉诚有中华民族优秀的传统美德和价值观，他认为“人生的最大价值在于无私的奉献，人的一生应该为国家、民族和人类做一些高尚有益的事情，为年轻一代创造一个更加美好的明天。一个人当他在生命的最后几分钟，想到曾为国家、民族、社会做过一些好事时，也就心满意足了”。李嘉诚正是从这个基本的人生观、世界观、价值观出发，来实践自己人生信条的。李嘉诚对香港社会福利事业的种种贡献，也显示了他具有高尚的人格力量和博大的爱心。

李嘉诚秉承着“达则兼济天下”的古训，关怀香港社会的教育文化、医疗卫生、社会慈善福利事业。

李嘉诚对香港医疗事业的热心捐献，在香港，广为流传。于 1984 年 6 月开业的沙田威尔斯亲王医院——李嘉诚专科诊疗所，就是李嘉诚捐赠 3 000 万港元兴建的。当时的港督尤德主持了该专科诊所的开幕典礼。这家诊所楼高 4 层，拥有 49 间检查及诊疗室，和整套现代化的医疗设备。尤德说:“这座新专科诊所是香港当局扩展新市镇医疗服务区计划中的一个重要环节,李嘉诚为此做出了贡献。”

1987 年,李嘉诚捐资 5 000 万港元在香港跑马地等地兴建了 3 家老人院。1988—1989 年,李嘉诚还捐资 1 200 万港元兴建儿童骨科医院,并对亚洲盲人基金、香港肾脏基金、东华三院均有可观的捐赠,其总额超过数亿港元。

李嘉诚热心捐赠医疗事业,做到“老吾老以及人之老,幼吾幼以及人之幼,亲吾亲以及人之亲,痛吾痛以及人之痛”,一是基于他对“体之健康,益于社会”的深刻认识;二是他痛感昔年父亲因贫穷和医治不及而过早辞世,早在青年时期就立下“当发达之日一定要发展医疗事业造福社会”的心愿。

李嘉诚对香港的社会福利和文化艺术事业也十分热心,多有捐赠。在这方面捐赠的项目,包括香港公益金、警察福利基金、惩教处福利基金、消防署福利基金、麦理浩基金、邓坚慈善基金、尤德爵士基金、香港女童军、圣雅各福群会、扶康会、皇家香港警务处退役同僚协会有限公司、香港皇家员佐级协会、星岛报业以及在港的多间潮州机构以及香港文化艺术基金、香港芭蕾舞学院、合一堂、香港管弦乐团、香港经济发展协会有限公司、香港基本法咨询委员会写字楼等 25 个项目,捐资数额超过 1 亿港元。

另外,李嘉诚还捐资助建了香港的佛教堂、基督教堂、天主教堂等。至于李嘉诚在香港不时扶危济困、抚恤孤寡的事例更是数不胜数,但他从来都是默默地做着好事,从不张扬。

李嘉诚说过:“我的钱来自社会，也应该用于社会。”“我已不再需要更多的钱，我赚钱不只是为了自己，而是为了公司，为了股东，也为了替社会多做些公益事业，把多余的钱分给那些残疾及贫困的人。”据悉，他还有一本“私账”，那是“扶危济困、抚恤孤寡、帮助亲朋”的“账本”。逢年过节或者一月一季，他的手下就会按名字、地址、数目寄去款项。

至上世纪90年代末，李嘉诚每年都以“匿名”方式，用1亿元港币，帮助香港和内地发展医疗教育事业。当然，也不要因此就误解李嘉诚“挥金如土”。他是精明细致的，很讲究“钱”如何用得有意义，有社会效益。他是绝不允许“奢侈”和“浪费”的。因此，众多的香港市民都夸奖李嘉诚“会用钱，会使钱”。

第五章　李嘉诚的生活故事

被誉为香港首富的李嘉诚在香港的浅水湾购置的那套房子，是一套看不到海景外观，既不豪华，内饰也很一般的房子，但他一点都没有觉得寒碜。

他在公司里与员工吃同样的工作餐；他去工地巡察，会很和蔼地与那里的民工吃同样的盒饭，他吃相随意，会使不认识他的人真以为这是自己的一个工友呢。

这就是世界富豪的朴素生活。

从小就有大志的李嘉诚

李嘉诚祖籍潮州，潮州是中国著名的侨乡，潮汕地区又是粤东政治经济文化中心。潮汕人极富冒险精神和开拓意识。早在明清时代，潮汕人就开始大批移居海外；20 世纪中叶，潮汕人移居海外达到高潮。

李嘉诚生活在这种大的文化氛围之中，尽管接受的是传统家教，但他不可能不受其影响。在潮汕地区，处处流传着海外游子创业致富的传奇故事，这些都构成了潮汕人涉海闯荡的原动力。

李嘉诚从小就酷爱读书，三岁就咏诗诵文，五岁开始上学。据其堂兄李嘉智回忆说：“他去香港，办实业成为巨富，我们都感到非常吃惊。”

从教的父亲李云经从小就教育李嘉诚做人要真、要善、要有骨气、要有毅力。李嘉诚深受父亲的教诲，从小就立下大志：勤勉苦读，出人头地，报国为民。

李云经是一个很有学问的知识分子，尽管他很疼爱自己的儿子，但他知道，溺爱只会害了孩子。他把自己心中的慈爱，转化成另外的形式表现出来。

李云经喜欢带儿子去看海。他认为，海的浩渺、海的雄壮，能够使孩子的心胸博大，让他的生命充满激情。

有一次，李云经领着小嘉诚来到汕头的海边。他一边指着港口来往如梭的巨轮，一边给李嘉诚讲生活的道理。

李嘉诚一边似懂非懂地听父亲讲述，一边用他乌黑发亮的眼睛，好奇地看着蓝天下波光粼粼的大海，看着万吨巨轮。他弄不懂这深深的水，怎么可能稳稳地浮着这么大的铁船，他太佩服船长了。

他认为能让这么一条大铁船稳稳地浮在海面上的人，一定是个大英雄。于是他向着大海，向着那艘万吨巨轮喊道："将来我也要做大船的船长！"

李云经疼爱地抚摸着他的头发，高兴地说："好孩子，有志气！阿诚，做一个船长不容易，他必须考虑很多、很全面的问题。"然后，父亲又极其认真地告诉李嘉诚，"你看，现在天气很好，是难得的晴天。但是，出海后，风暴来了怎么办呢？作为船长，就要提前想到可能会发生的事情并做好一切准备。做大事是要有远见的啊。"

从此以后，船的形象、船长的意识紧紧地伴随着李嘉诚奋斗的一生。李嘉诚从小就把自己的人生比作一条船，把他驰骋商场、纵横东西的李氏王国比作一条船，所以，他很自豪地宣布："我就是船长，我就是这条行进在波峰浪谷中的船的船长。"

"在稳健中寻求发展，发展中不忘稳健。"是李嘉诚在看不见硝烟却战火熊熊的商场上，给自己定下的座右铭。

这短短的15个字，是李嘉诚在几十年的打拼中总结出来的。从20世纪40年代替人端茶倒水的小杂工，到初露锋芒的工厂推销员；从50年代独树一帜的小厂长到香港乃至世界上最大的塑胶花大王，再到80年代戴着“李超人”桂冠的香港首富和全球超级富豪，他始终铭记着这15个字。

影响李嘉诚一生的茶客

李嘉诚3岁时，家道中落，后来父亲得了重病，不久离开人世，刚上了几个月中学的李嘉诚就此失学。在兵荒马乱的年月，李家孤儿寡母生活艰难。李嘉诚是家中长子，不能不帮母亲承担家庭生活的重担。一位茶楼老板看他们可怜，收留了16岁的小嘉诚在茶楼里当烫茶的跑堂。茶楼天不亮就要开门，一直经营到午夜，跑堂的休息时间很少。小嘉诚也抱怨过自己命不好，甚至希望哪天日本鬼子的枪走火，把他打死算了。直到有一次他在当茶倌时，不小心溅湿了客人的衣裤，客人不但没责备他，反而送了他一句话，才使他不再自怨自艾。

那位客人说:“没关系的，我看这孩子挺有出息的。只是以后要记住，做什么事都必须谨慎，不集中精力怎么行呢?”

李嘉诚把这些话记在了心间，之后，他把“谨慎”当成了自己的人生信条。久而久之，他竟练就了一种独特的本领，一个人是什么职业，他的性格特征、生活习惯、为人处事的风格，他一看就能猜个八九不离十。这一切对他后来的事业起到了很大的作用。

随后，李嘉诚辞掉跑堂的工作，从塑胶厂推销员开始，一直干到了业务经理。三年后，他在维多利亚港附近的一条小溪旁，租了一间灰暗的小厂房，买了一台老掉牙的压塑机，办起了“长江塑胶厂”。随后，经过反复考察，他认为塑胶花市场需求很大，于是大量生产，这为他带来了可观的收入。30 岁的李嘉诚，已成了千万富翁。正在塑胶花畅销全球时，李嘉诚却敏锐地意识到，越来越多的人拥入这个行业，“好日子很快会过去”，如果再不调整，引起的后果不只是“溅湿衣裤”了。有人认为他太保守了，但他认为这是经商中必须具备的素质，那就是谨慎和预见性。正是这种宝贵的品格，让他在没有硝烟的商场上始终保持清醒的头脑，最终铸就他的商界传奇。

与庄月明的完美婚姻

1937 年 7 月 7 日，日本侵华战争全面爆发。1941 年，李云经与妻子庄碧琴商议，决定带上李嘉诚、李嘉昭和李素娟三兄妹前往香港投奔妻弟庄静庵。

李嘉诚的舅舅庄静庵，是香港钟表业的老行家。今日有关香港钟表业的著作，莫不提及庄氏家族的中南钟表有限公司。庄家长女叫月明，比李嘉诚小四岁，聪明伶俐，被父母视为掌上明珠。月明在教会办的英文书院念书。李嘉诚一家到来后，小月明一点也不嫌弃穷表哥李嘉诚，相反还十分同情他。

李云经发现香港是一个金钱至上的商业社会，于是告诫李嘉诚兄妹，要在香港生存下去，就要学做香港人。而要与香港社会融为一体，第一步就要过语言关，改掉潮汕口音，学好广州话。从此，小月明就成了李嘉诚的广州话老师。表妹用心教，表哥认真学。不久，李嘉诚便能用广州话与香港人交流了，小月明十分高兴。李嘉诚也发挥自己的长处，教月明学习中国古典诗词。

这一对“金童玉女”两小无猜、互相学习的情景，是当时庄家最为动人的风景。

父亲去世后，小小年纪的李嘉诚明白，从此以后他就要挑起全家的生活重担了。尽管舅舅表示要资助李家，但倔强的李嘉诚仍然决定中止学业，打工挣钱。他相信只要自己肯努力，一定能出人头地。舅舅对他的想法表示支持，因为舅舅自己也是十多岁就离开父母到广州打天下的。不过，他没有让李嘉诚进他的公司。李嘉诚明白没有人可以帮助他，他必须赤手空拳闯出一条路来。

庄月明走的却是另外一条完全不同的路。她以优异的成绩从英华女子中学毕业后，进入香港大学，后来又留学于日本明治大学。她的生活之路充满阳光和鲜花。但难得的是，她从来没有嫌弃过表哥。而且，她与李嘉诚两小无猜的纯真感情还随着年龄的增长转变为热烈的爱情。她一直牵挂着在香港拼搏的表哥。李嘉诚踏上谋生路后，不管是当茶楼的堂倌，还是当钟表公司的学徒，月明对他都是一往情深，她在精神上对李嘉诚的慰藉和支持，鼓舞着李嘉诚，让他战胜了一个又一个的困难。

1950年，年仅22岁的李嘉诚在筲箕湾创办长江塑胶厂。“长江”取意于“长江不择细流，故能浩荡万里”，足见李嘉诚的雄心壮志。庄月明更加欣赏表哥，并为他感到自豪。

办厂初期，曾经出过质量事故，李嘉诚再一次体会到世态炎凉。危难之中，不变的是庄月明对表哥的一片赤诚之心。爱情的力量，将历经磨难的李嘉诚锻造成不屈的男子汉。

1955年，长江塑胶厂终于出现了转机，产销渐入佳境。1957

年，李嘉诚到意大利考察，回港后率先推出塑胶花，此花随即成为热销产品。不久，他又积极开拓世界市场，很快就成为“塑胶花大王”。1958 年，李嘉诚涉足地产业，在港岛北角建起了第一幢工业大厦；1960 年，又在柴湾兴建了第二幢工业大厦，李嘉诚的事业迅速走向辉煌。

李嘉诚已经事业有成，他与庄月明的爱情也本该瓜熟蒂落，但好事多磨，因为按世俗的眼光来看，他们并不门当户对。庄月明出身富贵名门，受过高等教育，才貌双全；而李嘉诚出身寒微，只读过初中，虽然事业初成，但将来怎样还是个未知数。庄静庵和李嘉诚的母亲庄碧琴对他们的感情也表示反对。

转眼到了 1963 年，李嘉诚已经 35 岁，庄月明也已经 31 岁，他们对爱情的执著和真诚终于感动了庄静庵夫妇和庄碧琴，同时李嘉诚在商业上创造的奇迹也越来越让庄静庵惊奇，他们终于同意两人结婚。在一片祝福声中，李嘉诚牵着庄月明的手，幸福地踏上了红地毯。

为了让爱妻住得舒适，李嘉诚斥资 63 万港元买下一幢花园洋房，这就是李嘉诚现在仍然居住的深水湾道 79 号 3 层住宅。当时李嘉诚并不算是大富豪，能一下拿出 63 万港元很不容易，所以有人说，这是他送给妻子最好的礼物。

婚后，庄月明加入长江工业公司，她流利的英语和日语、谦和勤勉的作风，深得同事的尊敬。

1964 年 8 月和 1966 年 11 月，李泽钜和李泽楷兄弟相继出生，庄月明渐渐退居幕后，相夫教子，孝敬婆婆。在她的悉心教导下，李泽钜、李泽楷兄弟均勤奋好学，先后赴美国大学深造。

1972年11月，“长江实业”上市，这是李嘉诚事业上的重大转折点。庄月明出任执行董事，是公司决策层的核心人物之一，李嘉诚不少石破天惊的决策，均蕴含了庄月明的智慧和心血。但庄月明在公众面前始终保持低调，她很少露面，也不接受记者采访。所以人们在谈论李嘉诚的“超人”业绩时，很少会提到庄月明。其实如果李嘉诚的生命中没有庄月明，真不知他的从商之路是否会一直这样顺畅。

进入20世纪80年代，李嘉诚的事业如日中天。庄月明别无所求，丈夫事业的成功就是她最大的心愿。

1989年12月31日夜，李嘉诚携夫人出席在君悦酒店举行的迎新年宴会，夫妇俩容光焕发，是宴会上最抢镜头的一对伴侣。不料翌日下午，庄月明却突发心脏病，于医院逝世，年仅58岁。

当时李嘉诚也才60出头，身体硬朗，精神奕奕，又是富豪，因此不乏主动示爱的美女。香港不少富商都以绯闻为荣，但李嘉诚始终如一块白璧。香港人都知道李嘉诚和庄月明情深似海，所以至今也无人向他提及续弦之事。

李嘉诚独特的“育儿经”

李嘉诚认为，教育孩子应该培养他们独立的意志品格，不能娇生惯养，这与家财多少没有关系。

李嘉诚希望儿子从小就明白，做任何事情都不是那么简单的。无论是做生意还是做其他事，都需要付出心血。因此在公司开会的时候，他常常让两个儿子旁听，他想让儿子明白，做生意需要不停地召开会议，依靠很多人的帮助。他认为富家子弟就好像温室的花朵，根基不稳，经不起风吹，他将自己艰难创业的历史比喻成小树在岩石夹缝中生长壮大。他说，根基不稳的植物，在外界的压力下，不易存活，而夹缝中的小树，却能傲立风霜而不倒，因此，他绝不放纵自己的两个儿子，他希望他的儿子们能够自强自立，独挡一面。

大儿子李泽钜从爸爸的教育中受益颇深，他对李嘉诚的评价是：他很清楚在他生命中对他比较重要的事情，他会将钱用在这上面，比如帮助那些不幸的人、捐资医疗教育事业，使他的精神世界更加富有，虽然我们的生活是常人无法想象的简单，但简单给我们带来的是幸福。

有一次，香港刮台风，李嘉诚家门前的大树被刮倒，为了锯断大树，两个菲律宾工人顶风冒雨，全身湿透，李嘉诚见到此景，要儿子马上起床换上游泳裤去帮忙。他说，菲律宾工人因为家庭环境不好，背井离乡来工作，但并不能因他们是工人，就看不起他们。他的两个儿子马上下去帮忙抬树。两个儿子懂得，职业不分贵贱，要学会尊重不同职业、不同地位的人。

李嘉诚在谈到对子女的教育时说，在教导子女时应该用百分之九十九的时间教给他们做人的道理，即使现在他们长大了，也应该用三分之二的时间教他们如何做人，三分之一的时间教他们如何做生意，因为真正重要的是处理人与人之间的关系。李嘉诚说："在我小的时候，母亲就教育我，要学会给予，学会诚实守信，对朋友讲信义。现在做生意，资金即使高出资产的几十倍也是不够的，生意是靠别人给你的，世间每个人都是精明的，要学会与别人沟通，让别人喜欢你。世界经济全球化，牵一发而动全局，金融风暴经常发生，要经常提防，信义是最重要的，所以，现在也是一样，"信义"二字是与人交往的准则。遵守信义可以受益终生。因此我经常教导儿子要遵守信义。"

李嘉诚很注意对儿子的早期教育，他严格要求儿子，告诉他们要艰苦朴素、不讲排场，要注意树立自己事业上的信誉，恪守承诺。而且他要儿子为别人着想、不贪图小利、勤劳肯干、务实奉献。两个儿子从斯坦福大学毕业之后，想在父亲的公司一展拳脚，施展自己的才华，但是被李嘉诚拒绝了。李嘉诚说他的公司不需要他们，虽然他的公司有足够的职位，甚至安置二十个儿子也够，但是李嘉诚希望他的儿子们自己去闯，自己打下江山，以实践来证明自己的真才实学。他不希望他们未经社会的风雨就直接进入自己的公司，他觉得那样是对他们不负责。

兄弟俩明白，父亲是希望他们通过实践，将自己锻造成才。两人便去加拿大发展，后来李泽钜开设了地产开发公司，李泽楷成了多伦多投资银行最年轻的合伙人。在港的李嘉诚也常常通过电话对兄弟俩嘘寒问暖，想要提供帮助。但兄弟俩却总是坚持认为困难可以通过自己的力量解决。

当然，李嘉诚也不过是想试探一下，并不是真的要帮助他们。父亲的这一点，是兄弟俩最为熟悉的了。他们知道，即使真的求父亲帮助解决困难，也是不可能的。在别人看来这似乎有些冷漠得不近人情，但是兄弟俩一点也不怪他，他们懂得父亲的良苦用心。

小儿子李泽楷曾说："我从家父那里学到的东西很多。最主要的是怎样做一个正直的商人，以及如何正确处理与合伙人的关系。"只做一个正直善良的人是不够的，就如同所有的中国父母一样，李嘉诚作为一个成功的大企业家、大富豪，当然也希望自己的两个儿子是成功的人。而想要成为一个成功的人，首先要学会的就是正确的处世哲学。

李嘉诚常常教育两个儿子，要想成功，在其他所有基础条件齐备的时候，就必须要注意考虑对方的利益，不要占任何人的便宜。

为了让儿子们真正明白这些做人的道理，李嘉诚对他们从小就有所教育。

当李泽钜和李泽楷还小时，李嘉诚召开董事会，就让儿子坐在专门设置的小椅子上列席会议。开始兄弟俩觉得新奇好玩，瞪大眼睛，认真听父亲和各位董事讨论工作，有时大家争得面红耳赤，吹胡子瞪眼睛，兄弟俩吓得哇哇直哭，李嘉诚说："孩子别怕，我们争吵只是为了工作，这是正常现象，木不钻不透，理不辩不明嘛！"有一次李嘉诚主持董事会讨论公司应拿多少股份的问题，他说："我们公司拿百分之十的股份是公正的，拿百分之十一也可以，但是我主张只拿百分之九的股份。”董事们有的赞成，有的反对，争论不休。这时李泽钜站在椅子上说：“爸爸，我反对您的意见，我认为应拿百分之十一的股份，能多赚钱啊。”弟弟李泽楷也急忙说：“对，只有傻瓜才拿百分之九的股份呢！”“哈哈，”父亲忍俊不禁，他说，“孩子，这经商之道，学问深着呢，不是1+1那么简单，你想拿百分之十一发大财反而发不了，你只拿百分之九，财源才能滚滚而来。”

李嘉诚还教育孩子怎样重承诺。他说：“如果要取得别人的信任，你就必须重承诺，在做出每一个承诺之前，必须经过详细的审查和考虑。一经承诺之后，便要负责到底；即使中途有困难，也要坚守诺言，贯彻到底。”

弥足珍贵的一张名片

2001年以前，李嘉诚从未去过祖国西部。2001年2月，李嘉诚来了，主要是考察西部地区的教育及医疗情况。临行前，他特意提出，一定要去看望残疾人。

2月20日，李嘉诚来到他8年前资助建设的甘肃省残疾人康复中心。正在进行康复训练的脑瘫患者迈着蹒跚的脚步、伸出颤抖的双手迎接李嘉诚的到来，他快步迎上前去亲切抚慰；经过听力语言训练的聋儿在动听的乐曲中齐声朗诵儿歌，跳起稚嫩的舞蹈，李嘉诚不时会意微笑；他还非常仔细地查看了“长江普及型假肢”装配的整个流程，关切地询问假肢是否舒适耐用，当亲眼看到刚装上假肢者迈出第一步时，一种由衷的喜悦，浮现在李嘉诚饱经沧桑的脸上。随后，他与他们围坐在一起，这些受惠的残疾者发自心底的声音，让李嘉诚十分动情，其中的几个孩子更让他无法安坐。

田楠自幼失聪，李嘉诚资助的聋儿语训项目使她学会了说话，能与健全孩子一起在普通学校学习，她现在已是高中一年级的学生。田楠激动地讲述着自己的经历，忍不住抽泣起来。李嘉诚绕过半个会场走到她身边，安慰她：“我听懂了，不要难过，忘掉过去，未来会更美好！”

马上就要成为小学生了，张静却因车祸失去了左腿。每天早上，她单腿蹦到门口，眼巴巴地看着小伙伴们背着书包去上学的背影。2000 年 7 月，李嘉诚资助她装上假肢走进课堂。小张静骄傲地告诉李爷爷，她语文考了 97 分，数学得了 100 分，还当场表演了踢毽子。李嘉诚高兴地接过张静的“三好学生”奖状，鼓励她说：“将来科技发展了，你还会跑起来。”

失去了一条腿的 6 岁儿童窦军，长得虎头虎脑，一脸童真，见到李爷爷，他毫不怯场地仰着头大声说：“李爷爷给了我新腿，我要好好读书，长大后挣好多好多钱，坐着大大的飞机去看李爷爷！”全场大笑，李嘉诚也开心地笑了。临别时，谁也没有想到，李嘉诚向随行人员要来自己的名片，逐一递到这些残疾人手中，亲切地说：“今后，有事找我。”

在兰州，从未看见李嘉诚给任何人送名片，现在他拿出来了，给的却是最普通的残疾人，几个孩子……

一个星期后，李嘉诚回到香港。就在到港的第二天，他给张静和田楠各写了一封信，表示很高兴与她们见面，同时鼓励她们努力向上，积极面对人生，只要在学业上取得优异成绩，日后如升学遇到困难，可以与他联络。这样一个商界巨子，要务繁多，百事缠身，却没有忘了那两个农村的小姑娘。

在以后的几个月中，李嘉诚与田楠的通信和有关传真更有好几份。他一直惦记着这个听力有问题的孩子，想让田楠佩戴一副最好的助听器。当初考虑用电子耳蜗，可当他知道这不适合田楠时，又经过多方联系，在 2001 年暑假，为田楠戴上了计算机编程助听器。

华人首富与内地企业家的会面

2006 年 4 月，30 多位中国内地著名的企业家在香港集体拜会李嘉诚。

坐落在香港维多利亚港湾的中环长江中心大厦第七十层，电梯门打开，陆续走出傅成玉（时任中国海洋石油总公司总经理）、李东生（TCL 集团股份有限公司董事长）、牛根生（时任蒙牛集团董事长）、郭广昌（复星集团董事长兼总裁）、马云（阿里巴巴网络技术有限公司 CEO）、朱新礼（汇源集团董事长兼总裁）、江南春（分众传媒董事局主席兼首席执行官）等 30 多位中国内地著名的企业家。按照长江商学院院长项兵的说法，他们都是各个行业的"领军人物"。而这 30 多人中，绝大多数都是第一次和李嘉诚面对面。

电梯门打开，李嘉诚出现在门口。很多人都没有想到，李嘉诚会亲自站在电梯口迎接他们。李嘉诚谦恭地和每一位来客握手。从 2006 年 4 月 8 日中午 11 点开始，随后的三个小时被他们中的很多人在后来的日子里津津乐道。

前一天晚上，每一位企业家都收到了李嘉诚的请柬，请他们到长江中心大厦午餐。"李先生吩咐必须送到每一个人手里，还要我们亲自签字。"朱新礼对这一点印象深刻，"实际上以他的地位，通知大家一声也就完了。"

"当我们梦想更大成功的时候，我们有没有更刻苦的准备？当我们梦想成为领袖的时候，我们有没有服务于人的谦恭？我们常常只希望改变别人，但是有没有想过什么时候改变自己？当我们每天都在批评别人的时候，有没有想过该怎样自我反省？"

这是 2006 年 4 月，30 多位中国内地著名的企业家在香港集体拜会李嘉诚先生时，李嘉诚向大家作的开场白。

午餐前，大家得知还需要抓一个号码按顺序落座。“中国人讲究排座次，我们的企业又有大有小，年龄也老少不齐，这个办法确实好。”朱新礼认为，李嘉诚的细心让每一位受邀者都受到了尊重。有几位年轻的企业家刚开始觉得弄这么复杂没有必要，但几个小时过后，他们完全改变了自己的看法。

寒暄过后是一个小的茶歇，企业家们开始要求和李嘉诚合影。平易近人，是企业家们对李嘉诚的共同印象。马云也是第一次近距离地见到李嘉诚：“做得最出色的人往往很平凡，这样的人非常值得尊重。”

午餐开始。企业家们分成四桌，按事先抓好的号各自归座。李嘉诚从第一桌开始，每桌坐半个小时。朱新礼和江南春很幸运，刚好都挨着李嘉诚，因此，他们与李先生的合影最多。

“我们都很崇敬您，”朱新礼对李嘉诚说，“能不能用一句话概括您的人生感悟？”“建立自我，追求无我。”李嘉诚回答。

朱新礼接着问：“国外的经济环境跟中国有什么区别？”“中国有太多的机会，到处是金矿。中国企业家应该好好抓住这些机会。”朱新礼说，这和他自己对中国经济的感觉一样：“很多人抱怨环境不好，实际上他是没有静下心来认真地去找机会。”

交谈中，李嘉诚时不时拍拍朱新礼的肩膀，就像是两个老朋友。“李先生这样的年纪，两三个小时，几乎一直在讲，精力真的非常充沛。”朱新礼说。

鼎天资产管理有限公司董事长王兵问李嘉诚：“您有两个儿子，我也有两个。您是怎么管理他们的？”

李嘉诚想了想，说：“应该让孩子们吃些苦，让他们知道穷人是怎么生活的。”李嘉诚一直不避讳自己早年的艰苦经历，他曾说：“我从12岁就开始投身社会，到22岁创业时就已经过了十年非常‘刻苦’的日子。”

当年李嘉诚的两个儿子到美国斯坦福大学读书，他只给他们买了两辆自行车。他给儿子开了两个银行账户，“一个他们绝对不能动用，但已经准备了足够他们完成博士课程的费用。至于使用另一个户头的金钱，他们必须写信给我报告，我会在24小时内回复。后来因为他们功课太多，才接受他们要求改用电话说明。这才是有用的疼爱，我个人认为给予孩子太多的物质反而对他们有害”。

每桌只有半个小时，所以并不是每个人都能向李嘉诚提出问题。马云没有问题要问，但是很认真地听别人的提问。“很多企业家都具备商业才能，但是只有像李嘉诚一样，具有好的人品，才有可能把企业做大。毫无疑问，李嘉诚是华人世界最受尊重的企业家，要成为李嘉诚很难，因为他的时代具有独特性，但是我们有可能学习和超越他。”马云说。

牛根生也没有提问：“我都‘如雷贯耳’了，就不好意思再占用别的同学的时间了。”他没有老老实实坐在座位上，而是像项兵一样，跟着李嘉诚在各桌间走动。“他做到今天用了50年，我们有这个时间，一定会出现更多的‘李嘉诚’。”

三个小时很快过去，到告别的时候了。又一轮拍照高潮掀起，李嘉诚仍然笑容可掬地满足大家的要求。电梯门打开，李嘉诚与每一位企业家握手告别。

“这么大年纪，做到今天的地步还这样亲和，亲自在电梯口迎接，然后再亲自送到电梯口，这让我们大家都非常感动。”

第六章　李嘉诚的管理之道

企业的竞争很大程度上是人才的竞争，人才决定着一个企业的潜力和活力。在激烈的商业竞争中，拥有人才是取胜的关键。

李嘉诚非常清楚人才对于企业发展的作用。他不拘一格地任用人才，高效务实，使企业具有极强的战斗力；他大胆放权，仁爱治企，对员工更是“义”字当头，使企业具有强大的凝聚力；他在不同时期任用不同的人才，保证了企业始终具有强大的生命力。

量才而用 待才宜宽

李嘉诚精于用人之道，他不仅在企业发展的不同阶段大胆起用不同才能的人，就是在企业发展的同一阶段也注重发挥人才的特长。在总结用人心得时，李嘉诚曾形象地说：“大部分的人都会有部分长处，部分短处。好像大象食量以斗计，而蚂蚁只要一小勺便足够。各尽所能，各得所需，以‘量才而用’为原则；又像一部机器，假如主要的机件需要用 500 马力（1 马力约为 0.735 千瓦）去发动，虽然半马力与 500 马力相比是小得多，但也能发挥其一部分作用。”李嘉诚的意思是说，每个人都是优秀的人才，只要给他适当的发挥空间，他就能展现优异的一面。李嘉诚放手任用马世民就是一个典型的例子。

马世民是英国人，原名西蒙·默里。马世民是他来香港后取的中文名。1984 年，李嘉诚通过旗下的“和黄”集团收购了马世民的公司，马世民就成为李嘉诚连公司一道买下来的人才。同年，马世民就坐上“和黄”集团第二把交椅，任董事行政总裁。马世民上任后，便开始为“和黄”赚钱，并辅佐李嘉诚成功收购了港灯集团，是当时华资进军英资战役中的一大功臣。马世民在担任“和黄”行政总裁、董事总经理期间，把和黄集团的业务做得有声有色。同时，他还提出了立足香港、跨国投资的战略构想，得到李嘉诚的鼎力支持。于是，就有了“和黄”以及李嘉诚的私人资金大量投资海外的惊人之举，引起世界财经界的广泛关注。

李嘉诚成为在海外投资金额最大的一位香港富豪。但很遗憾的是，海外投资的回报并不是很理想。与此同时，从1992年起，邓小平南方谈话后，中国内地掀起了改革开放的高潮，香港很多财团开始在中国内地投资，并取得骄人成绩。中国内地被世界经济界看成是全球最具潜力的投资市场。李嘉诚虽然在内地投资的脚步迟了一步，但在内地投资的决心已定，不会更改。“亲英不亲华”的马世民固执地要李嘉诚三思而后行。

1997年以后，李嘉诚在内地大举投资，他尽量与原港督彭定康保持距离，而马世民竟然在英国杂志上公开声称站在彭定康一边。后来，李嘉诚在赴内地的上海、深圳等地实施货柜码头计划时，都是亲率华人助手进行的，把马世民晾在一边。

马世民辞职后，李嘉诚向高层授意，以后“和黄”请人，多用本地人，并且通晓普通话是必要条件。这很清楚地表明，李嘉诚的投资方向是在内地。马世民在“和黄”任总裁9年，为“和黄”创下了辉煌的业绩。一些投资的失利，也只是白璧微瑕。马世民的政见，曾招来不少非议，但他的人品，却无可挑剔。马世民为李氏家族创造的利润高达上百亿。在他辞职离开的9个月中，李嘉诚给了他用低价购入“长实”集团股票的机会，他以每股8.19港元的价格，购入160多万股“长实”股票，当日就以23.84港元的市价出手，净赚2 500多万港元。

任用对企业忠诚的人才

作为一个集团军的总司令，不可能在作战中亲自使用武器，也不可能把每一种武器都使用得非常娴熟，只要懂得运用战略，擅长用人就可以了。在商场上也是这样。企业用什么样的人才是根据企业的发展来决定的。在企业发展的不同阶段，用的人员也不同。

在创业初期，李嘉诚选用了忠心耿耿、勤勤恳恳的人才，他留人先留心，宁亏自己不亏大家，与员工建立了深厚的感情，从而最大限度地调动了员工的工作积极性和工作热情，为企业增添了活力，提高了效益。随着企业的发展壮大，老员工有限的知识和粗糙的技能已不能适应企业的需要了，此时，李嘉诚任用的是富于创新、年轻有为的开拓型人才。李嘉诚的用人方法不拘一格，只要适合公司业务发展的需要，他不会计较这个人是洋人还是华人。在管理过程中，他也始终坚持“一视同仁，待人从善”的原则。

随着企业的扩大，李嘉诚由事必躬亲逐渐转到人事管理上来。所谓“指挥千人不如指挥百人，指挥百人不如指挥十人，指挥十人不如指挥一人”。指挥一人，指的是直接指挥部门的主要负责人。这就要求老板对手下的能力和人品要有充分的了解，对公司运作的各个环节充分了解，以便及时进行宏观调控。李嘉诚将各部门的事务交给部门负责人处理，自己则将主要精力放在公司的重大决策和发展规划上。

2005 年 6 月 28 日，李嘉诚在汕头大学长江商学院发表《管理的艺术》演讲后，针对学员提出的关于“用人的哲学”这一问题进行回答：“用人要看他的忠诚度、可靠程度和归依企业的程度，看他希望能够跟企业结合一起的意向有多少，如果这三样东西都是令我们满意的，我们企业会给他非常大的机会去发展。”李嘉诚尤其强调“忠诚犹如大厦的支柱，尤其是高级行政人员”。

李嘉诚用人不论国籍，“有贡献、忠诚、肯做事”是李嘉诚的用人标准。李嘉诚说：“在我公司服务多年的行政人员，有的已工作了很多年，有些更长达 30 年，什么国籍都有。我认为无论是什么国籍，只要在工作上有表现，对公司忠诚，有归属感，经过一段时间的努力和考验，就能成为公司的核心成员。”

20 世纪 80 年代中期，李嘉诚已经控制了几家老牌英资企业，这些企业中有不少外籍员工。为了使这些企业能够继续平稳发展，李嘉诚并没有解雇原有员工，也没有更换主管，而是继续使用这些企业原有的管理班子。李嘉诚聘用外籍副手，只是唯才是举，量才而用，完全以集团的利益和工作的需要为出发点，并不是为了所谓的炫耀。李嘉诚曾说："我并没有想过用雇用外国人的方式来表现经济实力和社会地位的提高。我只是考虑到，集团的利益和工作确确实实需要他们。"

李嘉诚结合自己领导企业的亲身经历说："为什么我们在世界、在香港的管理人员几乎可以说是大企业中流动程度最小的。现在有很多人，无论是外国人还是中国人，在我的企业中工作时间已经超过 30 年，他们都身担重任。90%以上的员工在退休前的最后一天还会在我的企业里，这对他当然是好，但对我是更好的。这个归向的心是最难得的。"

让人才舒心为你工作

李嘉诚虚心坦诚，心胸宽广，善于用人。他不但善于用公司内部的人，而且也极其会利用外界人才的智慧；不但能够听从"高参"的建议，也能接纳普通人的建议。正如他所说："人才取之不尽，用之不竭，你对别人好，人家对你好是自然的，世界上任何人都可以成为你的核心人物。"

在事业发展过程中，李嘉诚曾以自己的信誉和重用人才的作风

吸引了许多“客卿”鼎力相助，为他出谋划策，有的甚至根本就不图报酬。李业广是“胡关李罗”律师行合伙人之一。他还持有英联邦的会计师执照，属于“两栖”专业人士，在业界有很好的声誉。人们都说李业广是李嘉诚的“御用律师”。李嘉诚说：“不好这么讲，李业广先生可是行内的顶尖人物，我可没有这个本事独包下他。”事实上，“长实”的不少扩张计划，都是两李“合谋”的杰作。李业广在当时已经身兼香港20多家上市公司董事，而且这些公司的市值总和已经超过全港上市公司总额的1/4。另外，李业广还是许多商界富豪的高参。1991年，李业广出任香港证券联合交易所董事局主席。

《明报》一位记者在一次采访中问李嘉诚：“您的智囊人物究竟有多少?”李嘉诚说：“有好多吧！凡是跟我合作过、打过交道的人，都是我的智囊，数都数不清，比如，你们集团的广告公司就是。”这位记者大为惊奇，不知此话从何而来。原来，李嘉诚在发售新界的高级别墅时，曾委托《明报》旗下的广告公司做代理商。广告公司的人见这些高级别墅既典雅又豪华，十分漂亮，但美中不足的是四周的道路没有修好，当时恰逢大雨，道路变得泥泞不堪。广告商看后向李嘉诚提出建议：能不能等路修好后再正式出售，这样不但售得快，售价也可以标得高些。李嘉诚马上听从了广告商的建议。此后在售楼前不但将道路修好了，而且还在四周种上了美丽的花木，最后楼宇卖得又快又好。

李嘉诚信任下属，善待下属，他把各具所长的人才汇聚在公司里，让他们人尽其才，舒心愉快地为他工作，他的下属也都对他忠心耿耿。在对员工的管理问题上，李嘉诚主张人性化管理。在人性化管理方面，他坚持三个原则：第一，对下属坚守诺言，建立良好的信誉。第二，了解下属的愿望。除了保证生活外，应给予员工良好的前途。并且一切以员工的利益为重，在员工年老的时候，公司要给员工绝对的保障，从而使员工对集团有归属感，以增强企业的凝聚力。第三，信赖下属。公司所有行政人员都要掌握一定的市场资讯和各种信息。决定任何一件大事都需要有关人员一起研究，集思广益，尽量减少出错的概率。

管理之道：要知人善任

李嘉诚曾说："一间小的家庭式公司要一手一脚去做，等到公司发展大了，便要让员工有归属感，令他们感到安心，这是十分重要的。管理之道，简单来说是知人善任，但在原则上一定要令他们有归属感，要他们喜欢你。"

在长实管理层的后起之秀中，最引人注目的要数霍建宁。他之所以引人注目，是因为香港多家媒体根据他每年的个人收入所得税的金额分析出他的年薪，并将他列为全港赚钱最多的“打工皇帝”。

传媒称霍建宁是一个“浑身长满赚钱细胞的人”，他获取高额薪酬，源于他对公司的贡献。1993年，“和黄”行政总裁马世民离任，霍建宁接手后，不断改组，通过收购加拿大赫斯基石油公司96%的股权，取得了全面管理的权力，成功使“和黄”扭亏为盈，且利润可观。之后，他趁赫斯基有良好表现，顺势在加拿大借壳上市，令集团从中获得特殊盈利65亿港元。1999年末，“和黄”以高价卖Orange，令当年公司盈利劲升12.5倍，至1 173亿港元，霍建宁是此次谈判的主将，为此役立下汗马功劳。

霍建宁是香港“食脑族”（靠智慧吃饭的人）中的大富翁，他所获得的报酬，说明李嘉诚对专业性管理人才十分重视，并将其视为事业拓展的基石，不但不拘一格委以大任，而且给予相当高的报酬，以增加他们的归属感。

李嘉诚旗下企业负责人中，被列为“打工皇帝”的还有：和记黄埔执行董事，长江实业副主席、香港电灯主席和长江基建副主席麦理思，长江实业副董事兼总经理、和记黄埔执行董事、长江基建董事兼总经理、香港电灯董事甘庆林，和记黄埔副董事兼总经理、香港电灯董事、长江基建执行董事胡慕芳，和记黄埔财务董事、长江基建执行董事、香港电灯执行董事、长江实业非执行董事、Tom.com 主席陆法兰。

李嘉诚说："我不是一个聪明的人，我对我的员工只提供两个简单的条件：一是给他们相当满意的薪金分红，二是你要想到他将来要有能力养育他的儿女。所以员工到退休的前一天还在为公司工作，他们会设身处地为公司着想，因为公司真心为员工着想。"

让团队乐于和你相处

李嘉诚在演讲中总结了自己的管理经验："要建立同心协力的团队，第一条法则就是能聆听沉默的声音，问自己：团队和你相处，有无乐趣可言？你是否开明公允、宽宏大量，能承认每一个人的尊严和创造的能力，有原则和坐标，而不是费时失事、矫枉过正的执著者？"

李嘉诚往往会根据每家公司经营的业务、商业环境、财政状况、市场前景等，定出不同的任务指标，让管理层在坐标范围内灵活发挥。

1999年李嘉诚决定把Orange出售，卖出前两个月，管理层建议不要卖，而是去收购另一家公司。李嘉诚没有同他们争辩，而是列

了四个条件，如果能够办得到，就按他们的方法去做。这四个条件是：第一，收购对象必须有足够的流动现金；第二，完成收购后，负债比率不能增高；第三，Orange发行新股去进行收购之后，“和黄”仍然要保持35%的股权；第四，对收购的公司有绝对控制权。结果这四个条件不能办到，提议自然取消。

长实集团作为一个国际化、多元化的公司，其公司的架构及企业文化，必须兼顾来自不同国家和地区同事的期望与顾虑。因此，一定要有完善的治理守则和清晰的指引，才可以确保创意空间。企业越大，单一的指令与行为越不可行，因为这会限制不同的管理阶层发挥他们的专长。采取灵活的架构可以为集团输送生命动力，还可以给不同业务的管理层自我发展的生命力，甚至让他们互相竞争，不断寻找最佳发展机会，带给公司最大利益。

李嘉诚在2008年6月26日汕头大学毕业典礼致辞中公开了自己成功的秘诀，他总结为四个字——“自负指数”，他计算自负指数

的方式有四个标准，即常常问自己：我是否过分骄傲和自大？我是否拒绝接纳逆耳的忠言？我是否不愿意承担自己言行所带来的后果？我是否缺乏预见问题、结果和解决办法的周详计划？他在致辞中表示："我与大家分享的这项秘诀，那是终生指引我能凭借情感和智能、超越感受和本能的导航器。"

博采众长 借团队之力

李嘉诚说："决定大事的时候，我就算100%地清楚，我也一样要召集一些人，汇合各人的信息一起研究。因为始终应该集思广益，排除百密一疏的可能。这样，当我得到他们的意见后，看错的机会就会微乎其微。这样，当各人意见都差不多的时候，那就绝少有出错的机会。"

李嘉诚20多岁的时候，每天晚上睡觉时想着第二天要完成的许多计划，但第二天早上起来的时候，又感觉力不从心。于是他深刻地领悟到，只有众人聚力才能达到目标。因此，在之后的经商生涯中，他积极学习并掌握领导艺术。完善的人才策略为李嘉诚事业的拓展作了充分的准备，李嘉诚也曾提到他的多半成就均为“借力”而得。

李嘉诚在用人上采取了三个结合，即“新老结合”“中西结合”“内外结合”。

“新老结合”就是处理好元老重臣与后起之秀的关系。在事业发展壮大之时，帮助自己起家的忠心苦干的左右手并不一定能跟上企业发展的形势。企业要向前发展，需要招来一些能弥补元老们见识上的不足、有专业学识的人才，以推动企业向前发展。

“中西结合”指的是李嘉诚在国际化过程中引进了国际型人才。到20世纪80年代中期，李嘉诚已经控制了好几家老牌英资企业，每个企业都有相当数量的外国员工。在管理上最有效的方法是用外国人管外国人，这样有利于相互间的沟通。同时，可以利用外国人先天具有的语言、文化等方面的优势，用其做“大使”，从而更有利于开拓国际市场和进行海外投资。

“内外结合”指的是李嘉诚不仅善于用公司内部的人才，还善于使用公司外部的一些智力资源。这些资源中影响最大的是大牌律师李业广和当红经纪杜辉廉。李嘉诚非常敬重李业广的博识韬略，长实不少扩张计划，都是两李“合谋”的杰作。

李嘉诚积极网罗天下人才，大胆启用外国专家，他的公司有非常多的外国人。这些外国同事的存在既可以为公司引入西方先进的企业管理经验，又可以使公司在经济、科学、高效率的条件下运作，实现在实战中将理论不断转化为可行方法并且使中西文化相结合的目的。在拓展国际化业务或实施并购时，这些专家往往又成为进军西方市场的先锋。

在谈到管理心得时，李嘉诚认为，庞大的资金并不是公司的最大资产，“公司的 1 000 多个行政人员班底，是我们最大的资产，公司不是靠一个人，而是靠整个组织”。

管理不可用人唯亲

李嘉诚常说：“唯亲是用，必损事业。唯亲是用，是家族式管理的习惯做法，这无疑表示，对‘外人’不信任。”

从企业的创建历史来看，李嘉诚的企业就是典型的家族性企业。但李嘉诚从一开始起就没有按照家族企业的模式进行管理。而是采取中西方优秀的管理方法相融合的管理机制。这是他的事业成功的关键。20 世纪 80 年代，曾经有不少潮州老家的侄辈亲友，要求来李嘉诚的公司做事，遭到他的拒绝。现在长实虽然也有他的家乡人，但都是依靠本事和能力被录用的。有位员工这样评价李嘉诚：“对碌碌无为之人，管他三亲六戚，老板一个不要。”

李嘉诚知道，唯亲是用的结果会将很多优秀之人拒之门外，这样的管理，也许凭创业者的才华可以显赫一时，但很难维持第二代辉煌。李嘉诚深谙用人之道。创业之初靠自己，发展阶段就要靠集团了。怎样用人，用什么人，就成为企业管理的关键。随着企业的

发展，李嘉诚没有一味只重用打天下的功臣元老，而是不断补充新鲜血液，由此保证企业常青，不断发展。

综观李嘉诚的用人之道，主要有三个特点：第一，重用外籍员工，即所谓“洋为中用”。有人说，李氏集团高层的得力助手，几乎清一色是外籍员工。如长实副主席麦理思，英国人，剑桥大学经济系毕业，1979 年加入长实；和黄总经理马世民，英国人，1984 年任职。此外还有青洲英泥的布禄嘉，李嘉诚的生意伙伴杜辉廉等，都是“外籍员工”。用外籍人员管理企业，对于管理的规范化和企业化，以及企业对国际领域的拓展，都有极其重要的作用。第二，年轻化。李嘉诚的左右手都普遍年轻。如任“长实”董事兼副总经理的周年茂、霍建宁任职时才 30 多岁，董事洪小莲也刚 40 出头。李嘉诚认为，年轻人有干劲、有活力、有创造力，能使企业后继有人，积蓄后劲。第三，专业化。李嘉诚认为，只有专业化，才能使企业在产品和技术上保持领先地位，从而在激烈的市场竞争中站稳脚跟。

在谈到如何在日常管理中建立与员工的关系时，李嘉诚说：“在我两个儿子加入公司前，我的公司内并没有聘用亲属，我认为，亲人并不一定就是亲信。如果是一个跟你共同工作过的人，工作过一段时间后，你觉得他的人生方向、对你的感情都是正面的，你交给他的每一项重要的工作他都会做，这个人才可以做你的亲信。如果一个人有能力，但你要派三个人每天盯着他，那么这个企业怎么做得好啊！”

李嘉诚有一个得力的亲信叫袁天凡。早在1991年荣智健联手李嘉诚等香港富豪收购恒昌，李嘉诚就游说袁天凡出任恒昌行政总裁。袁天凡于是辞去联交所要职，走马上任。但在1992年3月，由于荣智健向众富豪收购他们所持的恒昌其余股份，袁天凡愤然辞职，表示不再做工薪阶层，要自己创业。1992年2月，袁天凡与杜辉廉、梁伯韬主持的百富勤合伙创办天丰投资公司，袁天凡占51%股权，并出任董事、总经理，并兼旗下两间公司的总裁。李嘉诚认购了天丰投资公司9.6%的股份，以此支持袁天凡。袁天凡曾多次公开表示：“如果不是李氏父子，我不会为香港任何一个家族财团做。他们(李氏父子)真的比较重视人才。”

1996年，李嘉诚亲自出面恳请袁天凡协助儿子李泽楷打江山，当时李泽楷身陷困境，袁天凡分文不取，鼎力协助李泽楷，最终令盈科动力成功借壳上市，摇身一变成为一家市值上亿港元的股份公司。

李嘉诚打破东方家族式管理企业的传统格局，构架了一个拥有一流专业水准和超前意识，且组织严密的现代化“内阁”，使李氏集团始终保持作战的灵活性和一致性。一家杂志曾这样评论：“李嘉诚这个‘内阁’，既结合了老、中、青的优点，又兼备中西方色彩，是一个成效极佳的合作模式。”

管理者要注重与员工互动沟通

李嘉诚说："领导全心协力投入热诚，是企业最大的鼓动力。与员工互动沟通、对同事尊重，方可建立团队精神。人才难求，对具备创意、胆识及谨慎态度的同事，应给予良好的报酬，并向其展示明确的前途。"

李嘉诚非常善于同员工进行沟通，他认为在团队中，要和别人有效地沟通，必须懂得倾听。对此，他经常讲一个古老的哲学问题："森林中一棵树倒了下来，那儿没有人听到，那么能说它没发出声响了吗？"借用这个道理，李嘉诚反问："在一个团队里，如果你说话时没人听，那么能说你进行沟通了吗？"

李嘉诚认为，良好的沟通可以让领导与下属同心协力，言行一致，创造出企业的竞争优势和营业绩效。反之，沟通不良的企业，往往内部信息混乱，员工士气低落，并进一步影响公司的整体面貌和绩效。优秀的企业管理者善于创造一个开放、合作、信任的公司氛围，重视与全体员工分享信息，以此增强企业的凝聚力，达到吸引并留住杰出员工的目的。

至于领导如何与员工沟通的问题，李嘉诚说：“要成为一位成功的领导者，不单要自己努力，更要听取别人的意见；要有忍耐力；提出自己意见之前，更要考虑别人的见解；最重要的是创出新颖的意念。然而，当你作出决定后，便要一心一意地朝着目标走；常常记着名誉是你的最大资产，今天便要建立起来。”

第七章　李嘉诚的做人之道

经商离不开人际交往，以何种方式与人交往大有学问。在经商的过程中，人们往往是先接受人再接受产品。

深受儒家思想影响的李嘉诚在经商过程中，非常注重为人处世之道，并把它看成是经商成功的关键。他强调为人要诚信坦荡，交友要以和为贵，经商要舍得让利。他的经商能力和处世能力完全是融为一体的。

谦虚是知识之源

2008年6月26日，李嘉诚在汕头大学学生毕业典礼上发表了题为《自负指数》的讲话。李嘉诚说："我深信：谦虚的心是知识之源，是通往成长、启悟和快乐之路。在卓越与自负之间，智者会亲前者而远后者。背道而驰的结果，可能是一生净成就得之极少，而懊悔之事却很多。这些会成为你发挥最佳潜能的障碍，降低你主控人生处境的能力。"

李嘉诚成功以后，曾经有人问道："您今天拥有如此巨大的王国，靠的是什么？"李嘉诚回答："是知识，知识决定命运。"没有知识就成就不了大事，这是李嘉诚早已意识到的事情。李嘉诚年轻时就喜欢看书，正是他的不断学习，才让他掌握了很多信息。他说："我表面谦虚，其实很骄傲。别人天天保持现状，而我自己老想着一直往上爬，所以当我做生意时，就提醒自己，若我继续有这个骄傲的心，迟早有一天是会碰壁的。"

李嘉诚至今还保持着每天晚上睡觉前看书的习惯，他常常设定闹钟，提醒自己不要太入迷而读书至凌晨。他通过阅读，掌握了很多新领域的新知识，他把工作中的学习视为事业发展的动力。当有人问他前一夜看的是什么书时，李嘉诚回答说：“我昨天晚上看的是关于资讯科技前景研究的书，我相信这个行业发展会非常快，未来两三年里，电影、电视都可以在小小的手提电话中显示出来，我比较喜欢科技、历史和哲学类的书籍，最近对网络资讯业比较感兴趣。”

李嘉诚认为在这个不断求索、不断创新的年代，离开勤奋学习将会一事无成。他说：“一个真正做大事、有远见的人，是根据世界的潮流来估计自己未来发展的方向的。事在人为，不能有志无才，你可以夸口说你的志向是摘下天上的月亮，但你知道怎么摘下吗？所以我说事在人为，靠自己，靠意念，还要有最新的知识及经验积累才能达到。”

诚信是第二生命

李嘉诚提倡诚信经商，他认为自己的成功得益于诚信。他说：“在生意场上，最好的担保人就是自己。一个人的实力能有效地证明自己是否值得信赖。如果能直接证明自己值得信任，那么就能使别人放心地与自己合作。”

李嘉诚掌控香港最大的综合性财团，多年荣膺香港首富乃至世界华人首富。他同时又是个道德至上者。他视荣誉为生命，在经商过程中，重操守，讲诚信，逐步扩大业务量和业务范围，积累资金，最终成为亿万富豪。

对于守信和成功的关系，李嘉诚做了这样一个精辟的论述："一个企业的开始意味着一个良好信誉的开始，有了信誉，自然就会有财路，这是经商中必须具备的商业道德。就像做人一样，要忠诚、有义气。对自己说出的每一句话、作出的每一个承诺，一定要牢牢记在心里，并且一定要做到。当你建立了良好的信誉后，成功、利润便会随之而来。"

世事洞明皆学问

在做生意的过程中，李嘉诚非常注重与人交往的态度和方法。20 世纪 80 年代中期，李嘉诚已经是香港富豪中的头号人物。但在当时，论实力和声誉，李嘉诚还比不上包玉刚。据海外媒体报道，包玉刚是香港名副其实的第一富豪，他旗下拥有 50 艘油轮，每一艘油轮的价值都相当于一座大厦。包玉刚不仅实力雄厚，交际面也极广，口碑极佳。在他的集团总部办公室，挂满了他与世界各国政府首脑、国家元首、王室成员、社会名流的合影。他是香港商界与世界政要交往最多的人，而那时李嘉诚还从未单独会见过任何一国的元首或首脑。

1973 年石油危机，促使各国开始重新考虑原先的资源利用政策，更加重视对自身潜力的挖掘，减少对中东石油的依赖。随着自身开发比重的加大，航运业务量逐渐减少，到 20 世纪 70 年代后期，越来越多的油轮闲置。包玉刚从油轮闲置，联想到世界性的造船热，预测一场空前的航运低潮即将来临。他决定减船登陆，套取现金投资新产业。他首先瞄准的行业就是房地产，他将目标瞄准九龙仓，但发现李嘉诚已捷足先登。九龙仓对包玉刚来说显得尤其重要，因为它的码头货仓，更有利于发展他的海上船运；它的物业，可供他在陆地大展拳脚。

李嘉诚很清楚包玉刚的情况，知道他需要什么，于是决定将自己手头上的九龙仓股“转让”给包玉刚。这样，包玉刚一下就获得了九龙仓 1 000 万股股票，加上他原来所拥有的部分股票，已经可以与怡和洋行进行公开竞购了，如果收购成功，他就可以稳稳地控制资产雄厚的九龙仓。李嘉诚把他以10港元～30港元的市价购得的九龙仓股票，以30多港元脱手给包玉刚，不仅获利数千万港元，更重要的是，通过包玉刚的牵线搭桥，他可以从汇丰银行那里承接和记黄埔9 000万股股票，一旦达到目的，和记黄埔的董事会主席就非李嘉诚莫属。

通过这场决定两家英资企业命运的历史性交易，两位年轻的华人富豪都如愿以偿地坐上了英资洋行老板的宝座。

最重要的是内心的安静

2007年12月12日，在接受中新社记者采访时，李嘉诚说："人最重要的是内心的安静，表面看来很忙，但内心其实没有波动，因为自知做着什么工作。我知足，但不表示没有上进心。"

经营企业必然会面临很多风险，尤其在企业成长过程中必然会遇到很多困难和阻力。成熟的企业家往往能够从容地应对危机，并把危机变为"契机"。

1957年，李嘉诚因为产品质量问题刚从“绝境”中走出来，便开始了他一系列别具新意的“转轨”行动——生产既便宜又逼真的塑料花。这些塑料花投放市场后，渐渐引起了人们的注意，“长江塑胶厂”的名字也开始为人们所熟悉。商场如战场，长江塑胶厂的红火自然引起同行的忌妒，甚至有人要故意搞垮它。有一天，李嘉诚同几名技术工人将设计出来的塑料花进行调色，寻找新的配方时，发现有人在厂门口拍照，李嘉诚知道，他们一定是要对长江塑胶厂作反面宣传。他压抑住自己的情绪，平静地要工人们继续工作，不要被眼前的事情干扰。几天后，这些照片果然刊登在报纸上了，照片上的长江塑胶厂显得破旧不堪。拍照者的意图显而易见，就是要置长江塑胶厂于死地。但李嘉诚很快就让自己冷静下来，他决定将计就计，就利用这些报纸给他的长江塑胶厂作免费宣传。

李嘉诚拿上报纸和公司的产品，走访了全香港上百家代理商，并坦诚地对他们说：“你们看，创业之初我们厂是够破的，我这个厂长也显得面容憔悴，衣冠不整，但请看看我们生产的塑料花，有几款是我们自己设计，连欧美市场都见不到的产品。我们的质量可以证明一切，欢迎你们到我们厂里参观订购。”经销商们看着眼前这位诚实勇敢的年轻人，为他的敬业精神和商业智慧所折服。很多对此还有怀疑的人，经过多方了解和到厂里参观后，很快就被李嘉诚的创意吸引了。李嘉诚的订单越来越多，而且，因为他的价格合理，有些经销商甚至主动提出愿意先付50%的订金。

洛克希德·马丁公司前任CEO奥古斯丁认为，每一次危机本身既包括导致失败的根源，也孕育着成功的种子。李嘉诚在灾难面前仍能保持冷静的头脑，巧妙地利用竞争对手的负面宣传扩大了自身的知名度，有效地宣传了自己的产品，借势扩大了企业的美誉度，反而赢得了广泛的人心。

一经承诺便要负责到底

李嘉诚注重对子女的传统文化教育，他不但自己讲诚信，也常常教育子女在为人处世中要讲诚信。

作为一个成功的企业家和管理者，李嘉诚非常懂得如何为人处世，如何赚钱，如何经营。他常说：“做事要守信，做人一定要有‘义’。今日之言，也许很多人未必相信，但我觉得‘义’字，实在是终身用得着的。”

李嘉诚曾回忆说：“20 世纪 50 年代，我刚做塑料花的时候，常在皇后大道看到一个行乞的老妇，四五十岁，看起来很斯文的样子。她从不伸手向别人要钱，但我每次都给她钱。一天，我问她会不会卖报纸，她说有同乡干这行，我便让她带同乡来见我，我想帮她做这小生意。在约好的那天，有个客户刚好要到我工厂参观。客户至上，我必须接待。交谈中，我突然说：‘Excuse me!’便匆忙离开。客人以为我上洗手间去了，其实我跑出工厂，飞车奔向约定地点。途中，违反交通规则的事差不多全做了，但好在没有失约。见到那妇人和她的同乡，问了一些问题后，就把钱交给了她。她问我姓名，我没说，只要她答应我一件事——努力工作，不要再让我看见她在香港任何地方伸手向人要钱。事后，我又飞车回工厂，客户正着急，他说：‘为什么洗手间里找不到你。’我笑一笑，这事就过去了。”

身为商界巨子的李嘉诚，一贯将传统道德和商业文化融为一体，他能对一个乞丐守约，而且一无所求。从这件事中，可以看出李嘉诚是一个懂得把做人的利害关系放在第一位、能够以诚待人的人。他不但精于经商，更善于做人。他成功的关键不在于他的做事之术，而在于他的做人之术。从商 50 多年的李嘉诚，遵守诚信的事例可谓数不胜数。而守信也确实给他带来了收益，他说：“我现在就算再有多 10 倍的资金也不足以应付那么多的生意。而且很多生意都是别人主动找上门来做的，这些都是为人守信的结果。”

建立个人和企业的良好信誉

2002 年 12 月 19 日，李嘉诚在汕头大学长江商学院做“与大师同行”系列演讲之《赚钱的艺术》。

在演讲中，李嘉诚说："当今世界经济形势严峻，成功没有魔法，也没有点金术，但人文精神永远是创意的源泉。作为企业的领导者，他必须具有国际视野，能全景思维，有长远的眼光，务实创新，掌握最新、最准确的资料，做出正确的决策，迅速行动，全力以赴。更重要的是正如我曾经说过的，要建立个人和企业的良好信誉，这是在资产负债表中见不到、但却是价值无限的资产。"

刚踏入社会，李嘉诚就经历了一次终身难忘的"饭碗危机"。那是他在茶楼做跑堂时，每天工作10几个小时，身心非常疲惫。听客人聊天，是李嘉诚最好的排困解乏的方法。有一天，一位客人一边喝茶，一边大谈生意经，

客人将商场上尔虞我诈、斗智斗力的事讲得绘声绘色，李嘉诚听得如痴如醉，一时间竟忘了给客人倒茶。客人的茶杯空了，他也没有察觉。一位伙计看见后，大声提醒李嘉诚。李嘉诚回过神来，慌慌张张地给客人倒茶。由于动作匆忙，他不小心把开水洒到了客人的裤腿上。李嘉诚顿时吓得脸色煞白，呆在一边不知道该如何给茶客赔礼道歉。茶客是茶楼的衣食父母，堂倌必须把他们当大爷伺候，不敢有任何冒犯。发生这种事情，如果遇到蛮横的茶客，必定会先甩堂倌两个耳光，然后再去找茶楼老板理论。

李嘉诚做好了挨罚的准备。老板跑过来，正要责骂李嘉诚，结

果那位茶客说："是我不小心碰了他，不怪这位小师傅。"茶客不但没有责骂他，反而一再为李嘉诚开脱。老板也就乐得顺水推舟，恭恭敬敬给茶客连声道歉后，也就不再说什么了。事后，老板对李嘉诚说："我知道是你把水洒到客人的裤腿上的，以后做事千万要小心。万一有什么闪失，要赶快给客人赔礼道歉，说不准就能大事化小了。这位客人心善，若是恶点的，不知会闹成什么样子。开茶楼，老板伙计都难做啊！"

而李嘉诚之所以能躲过这一劫，则是他平时积善的结果。由于他平时真诚待人，又吃苦耐劳，客人和老板都看在眼里，都很喜欢他，自然也就不会难为他。李嘉诚后来对这位茶客念念不忘，多年以后，他对人提起时说："这对别人来说可能是件小事，但在我看来却是件大事。如果我能找到那位客人，一定要让他安度晚年，以报他的大恩大德。"李嘉诚从小就从父母那里接受了传统道德教育，如"以和为贵""积德行善"等。当时他并不能完全领会其中的含义，这次"饭碗危机"使他深切地体会到了传统文化在为人处世中的重要作用。在以后经商的过程中，李嘉诚也非常注意建立自己和公司的信誉，同时也怀着一颗感恩的心乐善好施。他施恩不求回报的行为，为他在社会上赢得了良好的口碑。

让你的敌人都相信你

李嘉诚在接受采访时这样说："有人问我何为成功做人的要诀？

我认为做人成功的重要条件是让你的敌人都相信你。要做到这样，第一是诚信。只要是我答应过的事，即便是吃亏也会做，这样一来，很多商场上的人都说，只要是我答应了的事，比签合约还有用。曾经，我有个对手，人家问他，李嘉诚可靠吗？他说，只要是李嘉诚讲过的话，就算对他自己不利，他还是会按诺言照做，这是他的优点——答应人家的事，错的也会照做。让敌人都相信你，你就成功了。

“举个例子，有一次，我们将和一家拥有大幅土地的公司进行合作，他们公司有个董事跟其他的同行是好朋友，有利益的关系，就说为什么要跟长江集团合作，而不考虑其他的公司呢？他们的主席（指董事长）说：‘跟李嘉诚合作，合约签好以后你就可以高枕无忧，就没有麻烦了；跟其他的人合作，合约签好后，麻烦才开始。’这个案子，长江集团赚了很多钱，对方也赚了很多钱，是双赢。”敌人相信你不单是因为你诚信，更是因为相信你不会伤害他。例如，我是他的竞争者，但他相信我不会伤害他，不会用不恰当的手段来得到任何东西，或是伤害任何一个人。除了诚信，第二是自强不息，第三是要追求知识，追求准确的信息。

在经商中，李嘉诚一贯的处世态度是善待他人，即使对竞争对手也是如此。商场是竞争异常激烈的"战场"，但是能做到在生意场上只有对手而无敌人，只有合作而无厮杀，只有礼让而无溃败，李嘉诚堪称典范。

跟随李嘉诚二十多年的洪小莲在谈到李嘉诚做事风格的时候说："要照顾对方的利益，这样人家才愿与你合作，并希望下一次继续合作。凡与李先生合作过的人，哪个不是赚得盆满钵满？"

李嘉诚一贯严于律己，宽以待人，他在生意场上赢得了良好的口碑，同时也赢得了朋友们由衷的爱戴。在生意场上，他的合作伙伴，也同样使他赚得盆满钵满。

个人品牌是无形资产

李嘉诚说："个人品牌是无形资产，财富是有形资产，如果一个商人想要出人头地，必须要懂得经营和挖掘自己的无形资产，把无形资产变成有形资产。"

李嘉诚特别注重经营和挖掘自己的无形资产。他非常重视名气，在他看来，做生意就要先做名气，名气一响，生意就会热闹，财源就会滚滚而至。正是因为李嘉诚经营有方，所以往往会赢得双丰收，不仅得到了名，而且获得了利。

李嘉诚认为，“名气就是你店铺的名牌”。李嘉诚的公司取“长江”之名，其中就蕴含着一种民族的品牌意识，能够唤起民族的认同感。在经商的过程中，李嘉诚绝不放过任何一次扬名的机会。1973 年，当世界石油危机波及香港的时候，李嘉诚做了一件功德无量的事，至今仍被香港商界传为佳话。

香港经济的依赖性很强，塑料原料全部需要进口，因此受价格的影响也最大。危机爆发前每磅塑料原料的价格是 0.65 港元，危机爆发后涨到每磅 4 港元～5 港元。由于李嘉诚在塑料业的实力以及在经商过程中的良好的声誉，当时已经是香港潮联塑料制造业商会主席的他，已经将经营重点逐步转移到地产上了，因此，这场塑料危机，对他的影响并不是很大。况且，长江公司本身也有充足的原料储备。

尽管这件事与自己的利害关系不大，李嘉诚也毫不犹豫地挂帅救业。在他的倡议和组织下，数百家塑料厂入股组建了联合塑料原料公司。原先单个塑料厂家的购货量太小，无法达到交易额度，现在由联合塑料公司出面，需求量比进口商还大，可以直接由国外进口塑料原料，进行交易。所购进的原料，全部按市价分配给股东厂家。在厂家的联盟面前，进口商的垄断也就不攻自破了，从而使笼罩全港塑料业达两年之久的原料危机，一下被消除了。

不但如此，李嘉诚在这次救业大行动中，还将长江公司的 12.43 万磅原料，以低于市场价一半的价格出售给等待救援的会员厂家。可以直接购入国外出口商的原料后，他又把长江本身的 20 万磅的配额，以原价优先转让给需求量大的厂家。

在此次危难中，得到李嘉诚帮助的厂家达几百家。李嘉诚因此被称为香港塑料业的“救世主”。他救人于危难中的义举，为他树立起了崇高的商业形象。他的名气和声望一时无二，而名气和声望回馈给他的无疑是无尽的生意和财富。

最可怕的是自我满足

李嘉诚说：“对于商人来说，最可怕的是自我满足，满足于眼前取得的一些小利润。因为这种满足感会使人失去前行的动力，而要想成大事，一定不能满足于自己已有的成就。”

李嘉诚认为，要想成大事，就要保持自己的雄心，无论做什么都力争做到最好。李嘉诚表面上看起来性格沉稳，但实际上是个不安分的人。他在独立创办企业之前，就曾经多次变换工作。每次工作的变换，对他来说，都是通向成功的一次跳跃，都是对他自己的一次挑战。每克服一个困境，都是在为他的独立创业积累经验，打下基础。

李嘉诚在五金厂推销白铁桶时，以自己的勤奋用心使五金厂的业务蒸蒸日上，深得老板的器重。但备受器重的李嘉诚却没有就此止步，刚刚打开局面，就准备跳槽离去，老板提出给他加薪，他仍没有回心转意。李嘉诚跳槽的最根本原因，是他受到新兴产业的诱惑，不满足于现状。

李嘉诚在推销五金产品的时候，就敏锐地感受到塑料制品对五金产品的巨大威胁。有一次在酒店推销白铁桶时，他与推销塑料桶的塑料公司老板不期而遇。尽管酒店曾与李嘉诚有过购进白铁桶的口头协议，但经过比较，酒店更倾向于价廉物美的塑料桶，放弃了与李嘉诚的合作。

李嘉诚知道，最初，塑料制品还属于奢侈品，价格昂贵，消费者大都是富人阶层，但随着技术的普及，生产成本的下降，塑料制品越来越平民化。塑料制品很快就会成为廉价的普及性大众消费品。虽然塑料有易老化、含毒性等特点，但它以廉价、轻便、颜色丰富等特点博得消费者的青睐。新兴行业正在取代老的产业。在塑料厂老板的鼓动下，李嘉诚毅然跳槽加盟塑料公司。

对现实永不满足的李嘉诚在事业取得辉煌成就的时候，毅然再次跳槽，他觉得给别人打工再有成就，也不如自己创业，他以自己的聪明才智开始新的人生搏击。正是这种做事永不满足的心态，使李嘉诚摆脱了最初寄人篱下的命运，经过数十年的奋斗，成为香港屈指可数的富豪。

刻苦做事　善待别人

李嘉诚曾这样说："我做人的宗旨是刻苦做事，善待别人，还有勤奋和重承诺，也不会伤害他人。有一次，一个我很讨厌的报社记者在我公司楼下等我，我刚刚上车，同事说他已经等了两个小时。他正要离去的时候，我立即叫司机倒车，跟记者说可以谈一下，因为我不忍心他站了两个小时，回去没有东西交代。"

很多商人往往是在商言商，总是把利益看得很重，把利益放在第一位，而把做人处世放于其次，这样的人往往越想做大，越是适得其反。李嘉城则不然，他在经商的过程中，特别注重自己为人处世的方法，宽厚待人，坦荡诚信，靠自己的人品从商业中赢得利润，并把利润回报给社会。他平易近人，对朋友、对下属都关照入微。

李嘉诚说："一个人最要紧的是，要有中国人勤劳、节俭的美德。最要紧的是对自己严格，对别人却要慷慨，这是我的想法。讲信用，够朋友，这么多年来，差不多到今天为止，任何一个国家的人，只要跟我做过合作伙伴的，合作之后都能成为好朋友，从来没有为一件事闹过不开心，这一点是我引以为荣的。”

加拿大著名记者约翰·得蒙特也曾经采访过李嘉诚，他对当年的采访过程记忆犹新。他回忆说：“李嘉诚这个人不简单。如果有摄影师想为他造型摄像，他是乐于听任摆布的。他会把手放在大地球模型上，侧身向前摆个姿势……他不摆架子，容易相处而又无拘无束，可以从启德机场载一个陌生人到市区，没有考虑到个人的安全问题。他甚至亲自为客人打开汽车后备箱。后来大家上了车，他对汽车的冷气、客人的住宿，都关心周到，他坚持要打电话到希尔顿酒店问清楚房间预定好了没有，当然，这间世界一流的酒店也是他名下的产业。”

做人要保持低调

上世纪 90 年代，李嘉诚有意让儿子李泽楷担任“和黄”公司总裁，但李泽楷没有接受父亲的安排，而是走上了一条独立创业发展的道路。对儿子自立门户的决定，李嘉诚显得很豁达：“年轻人到底有自己的理想，‘和黄’管理层有人手，我不会强迫他做。”他送给儿子两句话：一是树大招风，保持低调；二是做事要留有余地，不把事情做绝。有钱大家赚，利润大家分，这样才有人愿意与你合作。

李嘉诚为人谦虚谨慎，毫无出风头意识，尽可能保持低调，他

特别忌讳树大招风，他曾自言："我喜欢看书，现代的、古代的都看，常常看到深夜两三点钟，看完就去睡，不敢看钟，因为如果只剩下两三个钟头，心里就会很怯。"他有感而发："在看苏东坡的故事后，我就知道什么叫无故伤害。苏东坡没有野心，但就是被人陷害了，他弟弟说得对：'我哥哥错在出名，错在高调。'这个真是很无奈的过失。"

20 世纪 80 年代，李嘉诚不仅是香港屋村大王，还是货柜码头大王。他旗下的国际货柜码头公司在葵涌港是首屈一指的。葵涌集装箱港 6 个码头中，有 3 个归李嘉诚所有，另外 3 个码头由其他集团经营。1988 年 4 月，李嘉诚以 44 亿港元在政府招标中投得 7 号码头的经营权，该码头有 3 个泊位。两年后，国际货柜码头、现代货柜码头两家公司与中国航运公司联合投得 8 号码头，该码头有 4 个泊位。随着香港经济的迅猛发展，国际航运越来越集装箱化，葵涌现有和兴建中的码头越来越难以满足航运业的需求。9 号码头的选址及招标工作已经推上了议事日程。李嘉诚踌躇满志，志在必得。

李嘉诚至少占据地利和人和两方面的因素。论地利，国际货柜码头公司占据同行业市场份额的 7/10，是同行业的绝对霸主；论人和，在港府决策机构立法局，9 名非官守议员中，就有 6 名是李嘉诚的“幕僚”，他们是长实集团的“特邀”董事，每年可享用不菲的酬金。行政当局通过的决议，港督一般不会否决。1992 年，英国职业政治家彭定康接任香港总督。彭定康上任后，撤换了一批议员，与李嘉诚关系密切的议员被撤，新一届议员上任后，将 9 号码头的招标方式由公开招标改为协议招标，9 号码头的 4 个泊位，批给了英资怡和与华资新鸿基等财团兴建经营。

招标结果出来后，舆论界普遍认为，港府确实在有意削弱李嘉诚在货柜码头上的垄断地位。按照国际通则，一家公司的市场占有率达五成以上时，则可认定其处于垄断地位；若在七成以上时，则是高度垄断。

李嘉诚面对失利进行了自我反省：“坎坷经历是有的，心酸处亦满腹难言，一直以来靠意志克服逆境；一般名利不会对内心形成冲击，自有一套人生哲学对待。”

与合伙人友善交易

受传统文化的影响，李嘉诚从小就在“道义”和“金钱”两者间作出了正确的选择。从小他就立志，要乐于助人，做正直的人。成年后，他着力培养孩子们的这种美德。他常常教育两个儿子，要注意考虑对方的利益，不占任何人的便宜。

纵观李嘉诚的整个发家史，很大程度上就是企业的收购扩张史。

在李嘉诚主持的每一次庞大的收购行动中，几乎都是采取“软”收购的方法，并且真正做到了兵不血刃，这特别表现在收购永高公司、和记黄埔、青洲英泥、“港灯”等公司上。李嘉诚的收购行动，始终都是以股东的利益为前提条件，以冷静、合理、双方皆大欢喜为出发点的友善的收购。

李嘉诚常常感慨第二次世界大战之后，从战败的废墟中通过商业战争而崛起的日本，特别注重“忍”的哲学。因为在日本人看来，“忍”的修养不但可以帮助企业家在面临全军覆没的关头作出冷静的思考，更可以帮助企业家在这种紧要关头，保持宽容的胸襟，善于听取意见，然后沉着处事，作出对企业有利的客观分析，在不利的条件下转败为胜。

1979 年，李嘉诚从汇丰银行手里购得老牌英资财团和记黄埔 9 000 万普通股，获得“和黄”22.4%的股份，被和记黄埔董事局吸收为执行董事。当时在香港的华商中，有人持这样的观点：“李嘉诚是靠汇丰的宠爱，才轻而易举购得‘和黄’的，他未必就有本事管理好如此庞大的老牌银行。”当时英文《南华早报》和《虎报》的外籍记者，也一再追问汇丰老板沈弼：“为什么要选择李嘉诚接管‘和黄’?”沈弼回答说：“长江实业近年来成绩良佳，声誉又好，而

‘和黄’的业务从脱离1975年的困境踏上轨道后，现在已有一定的成就。汇丰在此时出售‘和黄’股份是顺理成章的。”

李嘉诚作为“和黄”控股权最大的股东，完全可以行使自己所控的股权，为自己出任董事局主席效力，但他没有这样做。他出任董事局主席，是众股东推选产生的。董事局为他开出丰厚的董事袍金（董事为公司工作的报酬。包括薪金、佣金、花红、车马费等），李嘉诚表示不接受。他为“和黄”公差考察、待客应酬，都是自掏腰包，而不在“和黄”财务上报账。因此，他很快获得了众董事和管理层的好感和信任。在决策会议上，李嘉诚总是以商议的口气发言，但实际上，他的建议就是决策，众人自然而然就会信任他。

李嘉诚小利全让，大利不放。随着“和黄”公司的盈利日益丰厚，李嘉诚的红利相应增多。同时，他一面又在加紧增购“和黄”的股份，不断地鲸吞“和黄”。李嘉诚收购“和黄”的事，在民间流传了一副对联：“高人高手高招；超人超智超福。”从此，李嘉诚“超人”之称，在民间不胫而走。

第八章　李嘉诚的成功秘诀

成功的道路都不是一帆风顺的。一个成功者在通往成功的道路上，肯定会遇到各种各样的困难，遭遇不同的挫折。成功者之所以能够取得最后的成功，是因为他的思想、理念和做事的方法有不同于常人的高明之处。

李嘉诚能成为全球华人首富，他的成功秘诀又是什么呢？

勤奋和节俭乃“成功之本”

李嘉诚每天的工作总是比别人提前开始，而休息却永远比别人晚。

李嘉诚工作半个多世纪了，他从一无所有，发展成为拥有四家上市公司，身价三千亿的华人首富。他见证了香港自“二战”结束以来创造的经济奇迹，而他个人的发展历程，亦是一部气势恢宏的商业史。

李嘉诚说：“五七年、五八年初次赚到很多钱，对是否快乐感到迷惘，觉得一切都是未知数。后来终于想明白了，事业上应该多赚钱，把钱用到好处，这样的一生才有意义。当初我打工的时候，有很大压力，尤其是最初几年，要求知，要交学费，自己节俭得不得了，还要供弟妹上中小学直至大学，颇为辛苦。做生意头几年，也只有极少的资金，的确要面对很多问题。但我想，只要勤奋，肯去求知，肯去创新，对自己节俭，对别人慷慨，对朋友讲义气，再加上自己的努力，迟早会有所成就，生活无忧。当生意更上一层楼的时候，绝不能贪心，更不能贪得无厌。”

今日，社会环境已与多年前李嘉诚创业时有很大不同，有人认为为了成功可以不择手段。李嘉诚却说：“我绝不同意为了成功而不择手段，即使侥幸略有所得，也必不能长久，正如俗语所说，‘刻薄成家，理无久享’。”

对于李嘉诚这样的成功者而言，勤奋无疑是必备的。然而，世上刻苦努力的人成千上万，取得巨大成功的却只是极少数。李嘉诚对那些梦想着成功的人娓娓道来：“除勤奋外，还要节俭（只是对自己，不是对别人吝啬）；要建立良好的信誉和人际关系；具有判断力也是成功的重要条件，凡事要充分了解，详细研究，掌握准确资料，自然能作出适当的判断。求知是最重要的环节，今天我仍然继续学习，尽量看新兴科技、财经、政治等有关报道，每天晚上还坚持看英文电视，温习英语。”

李嘉诚经常会穿着同一套西服出席各种场所，甚至是规格极高的会晤或宴客，但谁也不会想到，那是已经穿了十几年的西服，且不是什么名牌产品。他说他对于牌子不怎么讲究，他手上戴的那块手表已用了十几年，而且也是一块极为普通的手表。他有几双皮鞋，但一半是坏了的，可他从不舍得扔掉，补好后再继续穿。有一年他到北京办事，发现皮鞋的饰带烂了，索性剪掉，成了一只有带另一只没带的样子。

李嘉诚的勤俭精神对下一代产生了很大影响，他的儿子李泽楷回忆，在他 6 岁一次外出乘坐泛美航班时，父亲先把他带进了头等舱，之后又把他送进了经济舱，并对极不情愿的他说，孩子，相信你还会回到这里，那时你看到的一切都证明了，你是通过艰苦的努力赢来的。李嘉诚送李泽楷到美国去读书，除了给他提供学费和生活用品等必需费用外，一分钱也不多给。李泽楷的零花钱都是在麦当劳打工，或在高尔夫球场做球童挣来的。李嘉诚坦言，当年他朋友的儿子到外地读书，朋友送给儿子的是一辆新款敞篷车，而他只是给两个儿子各买了一辆自行车，骑着这样的车子行驶在美国斯坦福大学的校园里，更显得方便。直到有一次看到儿子身负几十磅的东西，冒雨在车群中“之”字形穿梭，险象环生，且浑身湿透时，李嘉诚才决心给儿子买一辆坚固的车子去开。

处处节俭的李嘉诚，对公益事业却情有独钟，他捐资20亿港元创办了“汕大”，为4万名低视力者配用助视器，为6万名失聪儿童进行语言矫正，在全国30个省市建立了残疾人综合服务设施中心，为上千万的残疾人提供人道援助。他还表示，要拿出自己1/3的财产用于社会慈善事业。这让我们看到了一个富豪创造财富的真正精髓。

名人的生活似乎总是超乎常人的想象，我们总是对他们背后的生活充满好奇。但事实上名人也是人，他们跟我们的距离并不远。

李嘉诚清晨六点起床，打打高尔夫球，或者游泳，然后便投身于忙碌的工作之中；坚持身着蓝色传统西服，佩带仅值26美元的手表；跟家人的聚餐通常是简简单单的四菜一汤；喜欢看各种各样的书籍，主要是哲学、政治、经济、中国文化以及新技术方面的书。

在李嘉诚的身上似乎存在着一个显著的矛盾：他的事业与经历拥有典型的好莱坞电影式的情节——财富、权力、名声与时代风云，但他却以罕见的低调方式行事，过着简单朴素的生活。

在李嘉诚自己的住宅里没有游泳池，他的两个儿子在上学时只有有限的零用钱。多年来，他一直自掏腰包支付各董事的薪金；从公司收取的酬金，不论多少，全部拨归公司；他在公司里不领薪水，每年只拿600多美元的董事费，没有其他福利津贴，所有私人用品，甚至午餐也从不开公账。虽然在对社会捐赠方面李嘉诚始终都是大手笔，但他的日常生活，却十分节俭。

有一次，李嘉诚接受《财经》杂志的采访，记者看见他穿了一套已经洗得褪了色的西装，皮鞋的前面也已经裂开了一个小口，便说道："看到您我简直难以相信您是华人首富，我觉得您更像一位平凡慈祥的长者。"李嘉诚听后哈哈大笑。后来他又跟记者讲了一个故事。原来，李嘉诚少年时，曾经遇到一个算命人。算命人说他天庭饱满，双目有神，生辰属龙命，保护星乃水星，若勤劳苦干，坚持不懈，将来定会大富大贵。于是，很多人将李嘉诚的发家史看做是命中注定的，大家也以为发家以后的李嘉诚肯定过着穷奢极侈的生活。讲完这个故事，李嘉诚淡淡地说："我不相信什么龙命，也不知道什么叫大富大贵，却相信只要勤劳肯干，坚持不懈，定有所成。如果说我从14岁开始做推销员，是为了养家糊口，不得不如此，那已经是亿万身家的我完全没有必要再过简单的生活。但我之所以选择三十年如一日的生活，是因为简朴便是最理想的生活状态。赚钱本身不是一种目的，而是实现人生价值、挑战自我的手段，所以无论我有多少财富，我的生活享受，都与30年前无异。”

事实上，李嘉诚简朴的生活理念和对待金钱的态度也表现在他的生活细节与投资上。有一次在取汽车钥匙时，李嘉诚不慎掉了一枚2元硬币，硬币滚到车底。他估计若汽车开动，硬币便会掉到坑渠里，于是蹲下身欲拾取。此时旁边一名印度籍值班见到，立即代他拾起。李嘉诚收回该硬币后，竟给了他100元作为酬谢。李嘉诚对此的解释是：“若我不拾这2元，让它滚到坑渠，这2元便会在世上消失。而100元给了值班，值班便可将之用去。我觉得钱可以用，但不可以浪费。”

贫困的生活也是一笔财富

纵观人生，总有潮起潮落。但对于搏击风浪的弄潮儿来说，有时候，苦难和贫穷未必不是成功的阶梯。从温馨祥和的书香之家，到颠沛流离的寄居生活；从衣食无忧到辍学谋生……曾经的贫寒和磨难，为李嘉诚日后的成功奠定了坚实的基础。这位富豪的成功印证了“贫困的生活也是一笔财富”的论断。

每个人的一生都不可能一帆风顺，总会遇到各种挫折，关键看你能否激发自己，从中站立起来，然后挑起人生大梁。钢铁大王卡内基说过一句话：“我绝不怕贫穷，但是我怕心中贫瘠。我最需要的是激发自己挑战贫瘠的能力。”这句话，说得很有志气，非常刚毅，是成功者的人生经验。李嘉诚先生早年虽然生活困苦，然而面对人生的坎坷，他相信自己的能力。在他看来，成大业者必须要勇于激发自己，要努力站起来，否则就会被失败击倒。但是要做到这一点，是非常困难的。换句话说，成功就是自己对一切坎坷的挑战，成功的过程是一个充满艰辛的过程，是对一个人心智的锻炼和各方面综合素质的锤炼，但凡从挫折中站起来的人，都不是我们表面看到的那样简简单单，他们背后有着难以言表的背景和经历。

人生的幸与不幸，只能让历史做结论。苦难和贫穷未必不是成功的阶梯。李嘉诚究竟为何能在商场上屡战不败？

“在开始进入社会工作的日子里，我有韧性，能吃苦，因为我不计较个人得失，只是努力工作，努力向上，再加上忠实可靠，反而让我一路进步，薪水一路增加。”李嘉诚如是说。生活中，每个人都会遇到生活的重压，有些人由于承受不了而失败，有些人则敢于挑战，最后获得了成功，李嘉诚的成功正是勇于挑战人生的结果。“贫困的生活也是一笔财富”，要想取得成功，做出非凡的成就，产生伟大的创造，就必须认识贫穷，进而改变贫穷。种种环境只是财富路上的试金石，人从出生的那一刻起，就被环境影响着，环境决定一个人的发展，决定一个人的性格，对一个人的成长有很大的影响！

李嘉诚曾经说：“一个人的成功取决于两个因素，一是自己的理想，二是现实生活的压力。这两点你都无法抗拒，也是磨炼意志的过程！我受父亲熏陶，从小的志向是当一名桃李满天下的教师，但后来环境一变，贫穷的生活迫使我孕育出一股强烈的斗志，就是要赚钱！可以说，我拼命创业的原动力就是生活环境的变化。我这棵小树是从沙石风雨中长出来的，你们可以去山上试试，从沙石中长出来的小树，要拔去它是多么的费力啊！从沙石里长出来的小树，更富有生命力。”是的，贫穷与富裕的标准是什么我们无从得知，但我们可以毫无疑问地说，从某种角度来说，贫困的生活也是一笔财富。

真正的财富在于内心

华人首富李嘉诚在接受采访时说：“富贵两个字，不是连在一起的。这句话可能得罪了人，但是其实有不少人富而不贵。”他还引用了东方哲学家的观点进一步说明：“贵为天子，未必是贵；但是，贱为匹夫，不为贱也。关键是看你一生所做的事，所讲的话，怎样对人对事。”

在凡人眼里，天子匹夫两者相差千万里，岂可相提并论。但在智者心中，天子未必尊贵，匹夫未必下贱，可谓视角独特，道理深邃，也颇让寻常百姓扬眉吐气。如此看来，要做富贵之人，并不是一件简单的事，不是谁想做就能做的。人往高处走，为人富贵，出人头地，一般人恐怕都不会提什么意见。但人怎样才能进入既富又贵的境界呢？李嘉诚说，衡量财富的标准，在于“内心的富贵”，“对其他需要帮助的人有所贡献，这便是内心的财富。这个才是真财富，因为以金钱为衡量标准的财富，今天可能涨了，身价高很多；明天掉下去，可能一夜之间，就减少了一半。只有你做的让世人得益的事，才是任何人都拿不走的，那才是真正属于你的财富”，“真正的富贵者是懂得用自己得到的钱，对社会尽一点义务和责任的”。

李嘉诚的富贵观对人们是很有启迪的。在他看来，富贵首先当然要拥有足够数量的物质财富，但富贵更重要的标志是精神上的富有，体现在对社会的关爱，为他人着想，让世人得益上，这种富贵才是永久的富贵。做不到这些，就很有可能是富多贵少，富而不贵，或是昙花一现的短暂富有。对大多数人来说，由于收入有限，囊中羞涩，根本没有资格谈富论贵，但对那些富商、富翁、富豪来说，倒是应当很好地想一想自己富了以后，是否能真正“贵”起来。如今我们身边的富翁可以用层出不穷来形容，遗憾的是能与李嘉诚相比肩的却为数不多。在财富面前，他们中的一些人乐开了怀，笑眯了眼，非但不能理智面对，甚至连怎么做人也忘记了。有视财如命的，有及时行乐的，有为富不仁的。

在财富不断增长，富人不断增加，观念不断更新的今天，接受李嘉诚的富贵观十分必要。这既是为了成功做人，也是为了社会和谐。当今社会越来越多的人开始有了仇富心理，甚至很多犯罪行为也是由此引起的，这与不少富有者目空一切，藐视贫困，为所欲为，缺少起码的仁慈之心有很大关系。

显然，做一个真正富贵的人，光有钞票是不行的，还要拥有“内心的高贵”。这内心的高贵，不仅需要文化的积淀，道德的储存，更需要灵魂的升华，完全是另一种人生规则。

即使目前你还不算是富有的人，但了解一下李嘉诚的富贵观，上一上“学前班”，对自己也是有益无害的。

不怕没生意做，就怕做断生意

在创业的第五年，李嘉诚准备运一批塑胶玩具给外国客户，但对方在最后一刻却突然要求取消订单。当时李嘉诚并没有向对方索赔，因为他认为自己的货物不愁销路，所以，他很真诚地向对方表

示，这次生意不成，以后还有机会，可以建立友好的关系。那次事件过去不久之后，突然有个美国客户登门拜访，订购了很多塑胶产品，原来这位美国客户公司的一位高级职员认识之前突然取消订单的那位外国客户，是这位外国客户介绍他前来找李嘉诚的，他听说李嘉诚的公司不仅很有规模，而且信誉特别好。李嘉诚以自己的诚信，为自己带来了滚滚财源。

处于顺境时讲诚信很好理解，但在逆境中，许多人就很难继续坚持诚信了，正所谓“良心丧于困地”。然而，李嘉诚却能始终坚持诚信。

长江塑胶厂创办初期，遭遇到一次大的退货危机和经营困境，当时的李嘉诚仍是以诚信为本，真诚面对客户、员工及原料商等，最终成功走出困难。经过那次挫折和磨难的李嘉诚更成熟了，他甚至说道：“我有今天的成就，是因为有那一次的挫折作为基础。”他在1998年接受香港电台访问时说道：“在处于逆境的时候，你要自己问自己是否有足够的条件走出来。当我这样问自己的时候，我认为我有足够的条件！因为我有毅力……始终坚持以一颗诚心待人，肯建立一个信誉。”

李嘉诚在创业之时就抱定这个信念，并且在后来的从商经历中，也证实了这句话。每当事业遇到挫折时，他都可以凭借自己良好的诚信，顺利渡过难关，或者改变被动局面。

李嘉诚为自己立下了做人与做生意的座右铭，并且成为他一生的行动准则，那就是：与人以诚求发展，发展之中不忘诚。

以诚从商方能越走越远

李嘉诚说过：“做人就要对人忠诚、讲义气，对于自己说出的每一句话、做出的每一个承诺，一定要牢牢记在心里，并且一定要能够做到。”这句话看似简单，但如果想真正地做到却不容易。作为一个著名投资家，作为很多人心目中的楷模，李嘉诚是实实在在地将这一点做到了。

在塑胶公司工作的时候，不到 20 岁的李嘉诚就已经是经理了。但是，李嘉诚并不满足，他一直想创业，自己做老板。在塑胶行业待了很久的李嘉诚，从平时的观察和调查中发现，塑胶行业还有很大的发展潜力，因此他想在离开这家公司后也从事这方面的经营；但是，不可避免的，他今后就会和现在的老板成为竞争对手。然而，对于李嘉诚来说，没有这个老板就没有自己现在所有的一切，怎样才能不辜负老板对自己的恩情并避免利益冲突呢？这是李嘉诚考虑最多的问题。

李嘉诚离开公司的时候，老板在酒楼设宴为他饯行，李嘉诚非常感激，但同时也感到深深的内疚。善良的老板在与李嘉诚几年的相处中，很清楚他的为人，而且对于一个这样勤奋又有能力的人来说，开创一番自己的事业是理所当然的事情。

面对老板的宽容和支持，李嘉诚将自己的计划全盘托出。他说：“我离开你的塑胶公司，是打算办一间自己的塑胶厂。我难免会使用在你手下学到的技术，也肯定会开发一些同样的产品。现在塑胶厂遍地皆是，我不这样做，别人也会这样做。不过，我向你保证，我绝不会将一个客户带走，也绝不会用你的销售网推销我的产品，我会另外开辟销售路线。”老板绝对相信李嘉诚的为人，当然也赞同他的构想和做法。

在创业之初，李嘉诚并没有足够的启动资金，他打工积攒的那点积蓄根本不够。这时候，他一生所尊崇的诚信又帮了他的大忙。因为李嘉诚平日就在众多亲朋好友中建立了良好的信誉，大家都对他的为人很放心。所以，当李嘉诚向他们开口借钱时，大多数人都很爽快地答应了。他没费多少周折就筹够了基本资金，从而解决了创业最大的困难。

那个老板果然没有看错人，李嘉诚一言九鼎，一直尽全力实践着自己的承诺。李嘉诚创办了自己的塑胶厂后，有很多以前他在原塑胶公司发展的客户对他做生意诚实的态度“念念不忘”，想重新与他进行合作。面对可能会获得的巨大利润，李嘉诚全部婉言谢绝了，并且告知了对方原因。他还强调，以前打工的塑胶公司和自己有着深厚的情谊，并且他们同样具有很强的实力，希望这些客户都能继续与他们保持长久的联系和合作。

因为被这商场上难能可贵的友情和诚信打动了，那些再次找到李嘉诚合作的商人后来基本上又都和原来的塑胶公司恢复了业务往来。

更值得一提的是，20 多年后，因为 1973 年世界石油危机的冲击，香港塑胶业出现了史无前例的原料危机，很多实力不强的塑胶厂岌岌可危。这时候，已担任潮联塑胶业商会主席的李嘉诚，毫不犹豫地将自己公司的库存原料拨给自己曾经打工的那家塑胶公司，把以前的老板从水深火热中挽救回来。已经年过花甲的塑胶公司老板含着热泪，激动地说：“我没有看错阿诚的为人。”

经过众多此类事件，李嘉诚在商场建立起了诚信的形象和人人称道的口碑，为生意兴隆奠定了很好的基础。对此，李嘉诚说过：“一个公司建立了良好的信誉，成功和利润便会自然而来。我们做了这么多年生意，可以说其中有 70％的机会是人家给我的。”

事实上也的确如此。北美房地产大王李察明曾经一度陷入财务危机，急需寻找一位重信誉且有实力的人来帮助他渡过难关，并建立长期的合作关系。俗话说：“瘦死的骆驼比马大。”何况李察明的财务危机只是暂时的，谁不想这样的好事落在自己身上呢？

最后，李察明选择了李嘉诚，李察明说："我相信李嘉诚的为人。"为了表明自己的诚意，李察明将纽约曼哈顿一座大厦40%的股权，以4亿多港币的折扣价让给了李嘉诚。在这笔交易中，李嘉诚获得的巨大利润是不言而喻的，更重要的是，他和李察明也从此建立了深厚的友谊，为自己事业的发展带来了更大的空间。

友谊在则生意在

李嘉诚在商界纵横几十年，虽然不能说从来没有和谁有过敌对关系，但是因为他的诚信而结识的各方朋友却数不胜数。李嘉诚自己有一个很有意思的观点，那就是：只要友谊长在，生意就不成问题。在李嘉诚迈向一个个成功的过程中，很多时候的确是朋友给他带来了支援和帮助。

李嘉诚在做推销员的时候，就非常注重结交朋友。每当拜访一位客户之前，李嘉诚都是先将对方当做一位朋友，在建立起良好的友谊之后才谈生意上的事情。同时，他交朋友也不完全是因为业务上的关系。李嘉诚说过，这个人今天成不了客户，也许将来会是客户；或者这个人不能成为我的客户，但是他可以向我引荐其他的客户；即使是与没有生意关系的人在一起，也同样可以成为朋友，因为朋友可以在自己需要帮助的时候帮着出主意。李嘉诚这个人对人热情诚恳，总是乐于助人，而且聪明又有渊博的学识，所以，走到哪里大家都乐意与他交朋友。

在香港商界，李嘉诚有一个惺惺相惜的朋友，对他的投资生意帮助很大。这个朋友本身也是一个非常有影响力的人，他就是汇丰银行的大班沈弼。李嘉诚和沈弼之间的友情，应该从李嘉诚从置地公司的虎口中成功夺下中环地铁上盖权说起。

在那之前，李嘉诚虽然已经在塑胶界小有名气，但是在整个香港商界来看，还只能算是众多默默无闻者中的一个。在与香港房地产老大置地公司争夺地铁上盖权的商战中获得胜利之后，李嘉诚立刻名声大噪，受到了各界人士的关注。而李嘉诚在商战中显示出的非同一般的智慧和勇气，也让人惊叹不已，包括汇丰大班沈弼，也开始对这位地产“新人”刮目相看。

汇丰银行是全球十大银行之一，是香港的金融支柱，被大家看做是香港首屈一指的财神爷。当时，汇丰银行旗下的物流业旧华人行已经拆除，汇丰正在寻求诚信可靠的合作伙伴，重新建立新的华人行。华人行在华人中具有很大的声誉和影响力，而且地处中区黄金地段，几乎香港所有有实力的华资房地产商人都想尽各种方法争取和汇丰银行的合作。

在李嘉诚一炮打响之后，沈弼对他格外关注。经过短时间的观察，李嘉诚就以他诚实守信的品格和高瞻远瞩的策略眼光获得了沈弼的信任。在李嘉诚取得地铁上盖权不到一个月的时候，沈弼就做出和李嘉诚确立合作伙伴关系来重建新华人行的决定。这对于崭露头角的李嘉诚来说，无疑是个千载难逢的好机会。假如能取得汇丰的进一步信任，日后长江实业的发展就会有坚实的后盾和基础。所以，李嘉诚对此十分珍惜，决心不管花多大代价，也要让这次合作成功。

李嘉诚以最快的速度重建了华人行综合商业大厦，并与汇丰合组华豪有限公司，长江集团的总部也迁进新华人行大厦。从此，李嘉诚和他的长江实业正式立足于大银行、大公司林立的中环地区，在商界的地位也更加引人注目。

拥有良好的人际关系，就会有良好的合作。后来，在李嘉诚收购英资银行和记黄埔的一系列活动中，沈弼和他的汇丰银行功不可没。1985年，李嘉诚更是应邀成为汇丰银行的非执行董事。可以说，李嘉诚后来很多成功的商业运作，都是和汇丰的支援分不开的。

当被问到与汇丰合作能够取得成功的原因时，李嘉诚说道："其中没有秘密可言。但我觉得，顾及对方的利益总是最重要的，不能把目光仅仅局限在自己的利益上，两者是相辅相成的。自己舍得让利，使对方得利，最后还是会为自己带来较大的利益。占小便宜的人不会有朋友，这是我小的时候母亲就告诉我的道理，经商也是这样。"

比机会更重要的是行动

人人都明白，时光不会倒流。“时间就是金钱”，在激烈的市场竞争中，虽已成为老生常谈，却是铁的原则。每一个商战机会都伴随着一定的时效性，所以精明的经营者一旦发现这样的机会，就会以最快的速度开发它、利用它。因为，机会对任何人都是均等的，差异只在于快慢。谁快，谁就先得益，反之，就会两手空空。企业经营者拥有灵敏的市场触觉，才能把握变幻无穷的市场动态。假若你决策时犹豫不决，决策后办事拖拉，抱着原有的那一套不变，只会错失良机。

作为一个投资者，要想为自己的投资增加成功的砝码，就得多一些付出，多一些准备。天道酬勤，这句话任何时候都不过时，因为只有这样，你才能抓住最好的机遇，获得最大的利润。李嘉诚作为一个成功的投资人，早在他经营塑胶厂时就已经懂得了这个道理。他曾说过这样一句话：“在激烈的竞争当中多付出一点，便可多赢一点。就像参加奥运会一样，你看一、二、三名，跑第一的胜出第二及第三名就那么一点点，若是跑短程的可能都不够一秒之差，只赢一点，所以快一点就是赢！”

任何一个投资者都要有从小事情当中发现大问题的本事，这样会给你带来更多的机会。并且，一般情况下这种机会是别人看不到的，所以发现它就可以让你占尽先机，出奇制胜。无疑，李嘉诚是这方面的专家，他一步步的成功，很多时候都是从小事情中发现的机遇。

商无定法　有变则通

有人说：经商是智力游戏，真正的大商人才能把这个游戏玩得得心应手。他们善于把握局势，找到突破点不断对自己的投资进行战略性调整。李嘉诚的“商智”更是令人拍案叫绝，他凡事三思而后行，又敢于运作大手笔，总是能洞察先机，结合自己的实情，制订最有效的战略方针，步步为营，逐渐做大。

李嘉诚正是凭借敏锐的市场洞察力和前瞻性的眼光，通过适时调整战略，才一步步走向成功的。正如李嘉诚自己所言：“我并不是简单盲目地制定一个目标，而是把握市场发展潮流，顺应市场来设定自己的目标。有时，甚至要站到潮流之前，及时做出调整，才能把握住先机。”

自长江实业上市后，李嘉诚就提出赶超置地的远大目标。当时不少人对此持怀疑态度，单以地盘物业相比，拥有 35 万平方英尺的“长实”，如何比得上拥有千余万平方英尺的地王置地？

然而，事实证明李嘉诚并没有夸海口，他仅用了 7 年的时间就实现了赶超置地的目标。而他之所以能做到这一点，就在于他在经营房地产时手法灵活多变，不固守过去的经验。

1978 年，港府开始推行“居者有其屋”计划，采取半官方的房委会与私营房地产商建房并举的方针。建成的房分公共住宅楼与商业住宅楼两种，前者为公建，后者为私建。公房廉价出租或售予低收入者，而私房的对象则主要以中高层消费家庭为主。

李嘉诚的大型屋村计划，就是为大众消费家庭推出的。在港岛北岸的中区、东区、西区，每年都有高层住宅楼宇拔地而起，那是祖传地盘物业的业主和地产商收购旧楼拆掉重建的，但地盘七零八落，很难形成屋村的规模。因此，李嘉诚认为，屋村只有到港岛南岸、东西两角、九龙新界去发展，那里形成了 10 多个卫星城镇。

大型屋村的优点，就是综合功能强，集居住、购物、餐饮、消道、医疗、保健、教育、交通于一体，便于集中管理，统一规划。一个大型屋村，往往由政府与多个地产商共同开发，屋村之外，还有相配套的工业大厦及社区服务业。

1979 年，“长实”拥有的地产物业急速增加到 1 450 万平方英尺。而此时香港的第一大地王置地，拥有的地盘物业面积才 1 300 万平方英尺。“长实”员工欢欣鼓舞，因为他们仅用 7 年时间就实现了赶超置地的目标。

李嘉诚很欣慰，但他也清楚地意识到与置地相比仍有较大差距，置地是中区地产大王，地盘物业大都在寸土寸金的黄金地段。而“长实”在黄金地段的物业寥寥无几，两者物值相去甚远。但李嘉诚并不急于在中区发展，他更看好港岛中区和九龙尖沙咀以外区域的发展前景。

然而，当时地产业波动比较大，李嘉诚只能保持耐心，静观事态的发展。直到 1979 年，李嘉诚才与会德丰洋行大班约翰·马登合作发展会德丰大厦。

4 月，与“地主”广行联手发展告士打道、杜老志道、谢斐道的三面单边物业，建成一座 30 万平方英尺的商业大厦。

6 月，与约翰·马登再次合作成立美地有限公司,集资购入港岛、九龙、新界楼宇物业近 20 座。

7 月，与中资侨光置业公司合组宜宾地产有限公司，以 3.8 亿元港币投得沙田广九铁路维修站上盖平台发展权，平台面积 29 万平方英尺，计划兴建 30 层高的高级住宅大厦和商业大厦。

同年，“长实”与美资凯沙、中资侨光，三方合作投资香港水泥厂（“长实”、凯沙各40%股权，侨光20%股权），投资额（其中李嘉诚私人投资10亿港元）创香港开埠以来重工业投资最高纪录，该厂地皮面积180万平方英尺。

1980年，“长实”联合加拿大怡东财务与九龙仓、置地、中艺（香港）、怡南实业、新鸿基证券合组联营公司，以13.1亿港元的价格，投得尖沙咀一幢7.1万平方英尺的综合商业大厦。

8月，李嘉诚与联邦地产的张玉良家庭联手合作，斥资10亿港元购入国际大厦和联邦大厦，5个月后，以22.3亿港元出售，获得利润达100%以上。

有人问：“‘长实’兴建和购得的楼宇，现在为何大部分做出售用途，而少做出租用途？”李嘉诚说：“这并不违背我们增加经常性收入的原则，因为要决定将楼宇出售或收租，须看时势及环境而定，而现时楼宇价位急升，售楼所能获得的利润远比租屋要多，在为股东争取最大利润的前提下，是将建成楼宇出售合算。”

20世纪70年代末至80年代初，李嘉诚在地产业的业绩令人瞩目。几年之后，李嘉诚相继推出的大型屋村计划，更是轰动一时，全港瞩目。由此可见，做生意要灵活机动，根据当时的具体情况进行具体分析，确定策略，李嘉诚在经营房地产的时候充分显示了这一点。经商无一定的规律，只有随机应变，方能立于不败之地。

目光远大者终成大事

对于企业来说，是否拥有长远的投资眼光直接决定着企业的生死存亡！因为商无定法且风云多变，稍有不慎，就会前功尽弃，满盘皆输！所以，一个有战略意识的商人要在“远”字上下工夫，只有精心策划每一个投资战略，才能达到“步步为赢”的境界，从而在大起大落的商海中大展拳脚，笑傲江湖。而一个目光短浅、只图近利之徒，即使大好的时机摆在面前，他也会“视而不见”。

李嘉诚白手起家，最后能成为华人首富，这个过程是需要苦心经营的。李嘉诚精于投资的转换，精于战术的变换，精于时空的更换，所以他一步一步，由小到大，终于成就了一生的大业。其中，很重要的一点是因为他心中有一个高度，只要盯住那里，就不会被眼前的困难吓倒。

在李嘉诚的一生中，有一件最让他自豪的，甚至直到今天仍念念不忘的事。

14 岁的时候，在病危的父亲的床前，含着热泪的李嘉诚自信地告诉父亲，他准备做生意，做了生意再像父亲一样好好治学。父亲听了他孩子气，但又很有志气的话语，开心地笑了。

最后，父亲是带着由儿子带给他的开心的笑容离开人世的。父亲有多长时间没笑了，李嘉诚已记不清楚，但这却是父亲生病以后，露出的第一次笑容，也是最后一次。

直到今天，李嘉诚每每想起这件事，还觉得很自豪，因为他小小年纪在父亲面前居然没有说错，他用自己的勤劳与智慧，成功地实现了当年许下的诺言。

在人们的心目中，李嘉诚成了幸运的象征，成了神一般的人物。然而，人们在圈给李嘉诚“眼光敏锐”“商业奇才”等等绚丽夺目的光环的同时，却忽略了一个最关键的问题，那就是：李嘉诚是一个活在自己意志里的人。

可以毫不夸张地说，如果没有顽强的意志力的支撑，没有不屈不挠的拼搏精神的驱使，李嘉诚就不可能平安地跨过人生中一次又一次的挫折，也不可能顺利地渡过创业中一道又一道水流湍急的险滩，更不可能取得今日令人惊叹的辉煌成绩。

这种惊人的意志力，贯穿了李嘉诚长达半个世纪的奋斗生涯。在最初创业的那段时光里，一次比一次巨大的磨难，如同一柄柄寒光四射的锋刃，无时无刻不在磨砺着李嘉诚的意志。

当人们问及李嘉诚在功成名就的今天，为什么还有那么大的动力去忘我地工作，领导如此庞大的李氏王国，而居然没有丝毫的压力感的时候，李嘉诚不假思索地说：

“这样说吧，对一个富有的人来说，正常生活所需要用的钱所占比例是很少的。譬如，以我二三十年前的财产来说，就算从那时开始不做事，那些钱也足够我享用一生了，更不用说现在了。所以我认为，既然你已有一生花不完的钱，而钱又是赚不尽的，在这种情况下，若你为了赚钱做一些对不住良心的事而损坏你的名誉，这个人就很傻。我一向的做法就是尽本分去赚钱，把赚到的钱拿出一部分帮助社会上有需要的人，再拿出一部分去资助医疗教育事业，尽我的能力去把这些事情做好，再加上我从来不与世上任何人去比较财产的多少，所以，在这种心理下赚钱压力就很小。”

李嘉诚对自已要求十分严格，他常常以古代的哲学思想作为自已修身养性之道。譬如老子教人大智若愚，深藏若虚，凡事要留有余地，等等，都是李嘉诚严于律已、宽厚待人的准则。

而且，虚怀若谷的李嘉诚，真正体现了他所崇尚的纳百川而归大海的长江风格。在平时，无论碰到什么样的情况，他对人从来不抱任何成见，也不喜欢报复。

李嘉诚始终保持冷静的头脑，始终懂得如何真诚地去尊重他人。而且他十分自重，宠辱不惊，这使得他直到今天仍然在社会上享有极高的威望，这种威望并不是因为他拥有的巨额财富，而是因为他高尚的品德。

李嘉诚认为，人生是一个学习的过程，直到今天他仍然坚持不懈地学习，仍然坚持从中英文报刊上吸收各种知识。有一次，长江实业的一位高级职员，将一篇有关李氏王国的翻译文章送给李嘉诚看，李嘉诚一看立即说："这不就是《经济学家》里面的那篇文章吗？"原来他早已看过原文。

不仅如此，李嘉诚的阅读范围非常广泛，他希望通过不断的学习来陶冶自己的性情。李嘉诚曾说："一般而言，对那些默默无闻，但却对人类有实际贡献的人，我都心存景仰，并且很喜欢看关于那些人物的书。"

李嘉诚佩服有广阔胸襟的人，他自己也是一个胸襟广阔的人，他之所以能成就如此大的事业，归根结底还是因为他的目光从不局限在一些小利益上，而总是从大处着眼。

当进则进 当退则退

俗话说，"退一步海阔天空"，为人处世是这样，搞投资也是这样，"当进则进，当退则退"是必须要牢牢记住的生存法则。如果一味冒进，无异于临渊纵马，必将摔个粉身碎骨。李嘉诚常说的一句话就是"凡事以商业利益为准绳，能赚就赚，不能赚就退出，决不要拖泥带水"。但是，这不是说无论遇到什么事都要"退"，退也要有个限度，有些时候就坚决不能退让，这不是小气，而是一个投资

者必须遵守的规则。否则，就有可能一败涂地，永远也翻不了身。

当生意更上一层楼的时候，绝不可贪心，更不能贪得无厌，这个道理李嘉诚从创业之初就懂得。

李嘉诚靠“一招鲜”，赢得了事业的辉煌发展。但如果他一直靠“一招鲜”，那么，今天的李嘉诚可能就不是现在的样子。他的成功就在于及时放弃了帮他成功的塑胶花产品，而选择了另一种产业。

早在李嘉诚开发塑胶花以前，他就预见到，塑胶花是社会快节奏的产物，只能风行一时。随着时代的发展，人们将趋向于崇尚自然，而塑胶花无论怎样也不能取代有生命的植物花卉。

处于全港塑胶业领先地位的李嘉诚，空闲之余常会思考这样的问题：塑胶花的大好年景还会持续多久？什么时间会结束呢？虽然长江公司拥有稳固的大客户，同时又是塑胶业的龙头老大，不用发愁市场问题，但如果整个行业都在走下坡路，长江公司的发展前景也就不容乐观。

除此之外，越来越多的因素在向李嘉诚敲着警钟。香港塑胶厂已是遍地开花，塑胶花简直都快泛滥成灾了。据港府劳工处注册登记的数据，塑胶及玩具业厂家，1960 年为 557 家，1968 年为 1 900

家，1972 年则猛增至 3 358 家。该行业的从业人员，由 1960 年占全港制造业劳工总数的 8.4%，上升到了 1972 年的 13.21%。并且，该行业的厂家，有半数以上是塑胶花专业厂或兼营塑胶花的。

李嘉诚深知，塑胶花业之所以这样兴旺，一方面是由于这种产品本身所具备的某些优点，另一方面是它迎合了人们追求时髦的心理，甚至后者才是最为主要的因素。曾几何时，富人穷人，全都以系塑胶裤带为荣，可是没过多久，塑胶裤带便逐渐地无人问津了，因为人们发现还是真皮裤带好。

塑胶花又何尝不是如此呢？尽管塑胶花可以变幻无穷，但无论怎么变，最终还是塑胶花，绝对无法完全替代充满自然气息的植物花。李嘉诚从海外杂志上了解到，有的家庭已把塑胶花扫地出门，又重新种上了天然的植物花。在国际塑胶花市场，发达国家的需求量日益减少，已形成了严重积压的局面。市场已开始逐渐地向南美等中等发达国家倾斜了，而这些国家也在利用当地的廉价劳动力生产塑胶花。

在香港，劳工工资逐年递增，劳动力不再低廉。由于塑胶花属于劳动密集型产业，它的发展一定不会长远。香港已出现过几次塑胶花积压现象，主要原因就在于生产过滥和欧美市场的萎缩。虽然积压并没有造成大灾难，也还不至于直接影响到长江公司，却引起了李嘉诚的高度重视。

正是基于这一系列的分析，李嘉诚未雨绸缪地采取了应变行动。他的未雨绸缪，不是增加投资，强化竞争能力，而是渐渐从塑胶花市场中淡出，慢慢放弃这个使他成名的产业。他渐渐开始把全部精力投注于缔造以地产为龙头的商业帝国，这也是他从商以来，在心中渐渐酝酿成形的宏伟抱负。与塑胶花相比，后者在他心目中的地位更重要。也正是由于他后来实现了这一抱负，舆论界才给他加上了“超人”的桂冠。

识时务者为俊杰，拿得起，放得下，李嘉诚正是这样一位商界奇才。李嘉诚是第一个进入塑胶花领域的商人，赚了一大笔之后，他又审时度势，急流勇退。无论是前进还是后退，他都占尽了先机。

做生意就是这样，该投入时就要果断投入，该撤离时也不能有丝毫犹豫，要义无反顾地离开。从某一方面而言，只有勇于放弃的投资人才会大有作为。

“盛极必衰，月盈必亏”，道家的朴素辩证法，自然也适用于投资界。任何一项业务，当它走过自己的成熟阶段后，必将走向衰落，而这个时候如果不进行自我调整，还抱着不放，必将随着该项业务的衰落而走向失败。

很多人都可以做到“拿得起”，但真正到了需要“放下”的时候，就会犹犹豫豫、不甘不愿。实际上，没有永远赢利的业务，在该放弃的时候，就应该学会放弃，利用从事前一种业务所积蓄的力量，可以轻松地开展下一个业务。

要懂得“借鸡生蛋，以小博大”

荀子说过，借助于车马的人，不必自己跑得快，却能远行千里；借助于舟船的人，不必自己善水性，却能渡江河。要做事业，少不了借助众人的力量。做事善于借钱生财、以小博大，才能算一位真正的成大事者。正如李嘉诚所说，他当初把自己的公司命名为“长江”，就是选其不择细流的意义。实际上，评价一位现代企业家的能力，不仅要看他拥有多少财富，还要看他能调动多少财富作为资本。总之，投资的真正含义就是“用别人的钱赚钱”。

李嘉诚是一个具有现代投资理念的人，而且雄心勃勃，能力很强。为了获得更多的资金，他除了招股集资之外，还努力博得银行的支持，他的主张是：尽量用别人的钱赚钱。因此，李嘉诚想办法与汇丰银行结缘。

说起汇丰，港人无人不晓，当时所有的港纸（港币）几乎全是汇丰银行发行的。香港经济界的人士常说：“谁攀上了汇丰银行，谁就攀上了财神爷；谁攀上了汇丰大班，谁就攀上了汇丰银行。”汇丰的声誉，还不仅仅限于其强大的资金实力，当时它在香港充当了准中央银行的角色，拥有港府特许的发钞权。在数次银行挤提危机中，汇丰不但未受波及，还扮演了“救市”的“白衣骑士”的角色。

汇丰一直实行着所有权与管理权分离的政策，管理权一直操纵在英籍董事长手中。当时的汇丰集团董事局常务副主席为沈弼，在60年代，正是他为刚入航运界不久的包玉刚提供了无限容贷款，使其成为一代船王。因而，李嘉诚也想与其结缘。他没想到，自己的梦想很快就实现了。1978年，李嘉诚与汇丰银行联手，重建了位于中区黄金地段的华人行。

李嘉诚与汇丰合作发展旧华人行地盘，商业界莫不惊叹于李嘉诚“高超的外交手腕”。其实，熟悉李嘉诚的人都知道，他言行较为拘谨，绝不像一位谈锋犀利、能言善辩的外交家，亦不像那种巧舌如簧、精明善变的商场老手。

李嘉诚靠的是一贯奉行的诚实，以及多年来建立的信誉，尤其是地铁车站上盖发展权一役，使他名声大振，信誉猛增。所有这些，便是他与汇丰合作的基础。

地铁车站上盖发展权一役，虽然没有给李嘉诚带来多少利润，但他在这场战斗中显示出的大智大勇，以及由此带来的名声和信誉，令汇丰大班沈弼对这位地产“新人”格外关注，欣赏有加，并产生了合作意向。

原来，早在1974年，汇丰银行已购得华人行产权。因华人行位于高楼林立的中环银行区，原来的华人行已年久失修，显得十分破旧矮小，与该地段的摩天大楼极不相称。1976 年，汇丰开始拆卸旧华人行，决定清出地基，发展新的出租物业。

由于此时正处于地产高潮时期，该物业又处于黄金地段，因此地产商们闻讯后莫不跃跃欲试，除了想在这一物业中分一杯羹之外，更想借此搭上与汇丰银行的关系。在地铁上盖竞投中一举中标、声誉大振的李嘉诚自然也是其中之一。他原以为会经过一番激烈竞争才能取胜，没想到竟然十分顺利地如愿以偿。沈弼在接到李嘉诚的合作意向材料后，当即拍板确定“长实”为合作伙伴。

“长实”与汇丰合组华豪有限公司，以最快的速度重建华人行综合商业大厦，大厦面积 24 万平方英尺，楼高 22 层。外墙用不锈钢和随天气变换深浅颜色的玻璃构成。室内气温、湿度、灯光，以及防火设施等，全由电脑控制。室内装修豪华典雅，集民族风格与现代气息于一体。整个工程耗资 2.5 亿港元，写字楼与商业铺位全部租了出去。

1978 年 4 月 25 日，华豪公司举行隆重的华人行正式启用典礼，汇丰银行大班沈弼出席典礼，剪彩并发表讲话：“旧华人行拆卸后，仅两年多一点时间便兴建新的华人行大厦。这样的建筑速度及效率不仅在香港，在世界也堪称典范。本人参与汇丰银行正好 30 年，深感本港居民以从事工商业而闻名于世，不管是海外公司还是本港公司，均以快捷的工作效率、诚实的商业信用而受人称赞。我可以这样说：新华人行大厦不愧为代表本港水平的出色典范。”

“长实”与汇丰，都是新华人行工程的开发商，故而沈弼不便“自我吹嘘”。他对港民和新华人行的赞誉，也就是对李嘉诚的赞誉。新华人行被人们视为“长实”的招牌大厦。

李嘉诚与汇丰合作的良好开端发展为未来的“蜜月”。汇丰力助“长实”收购英资洋行，并于1985年邀请李嘉诚担任汇丰的非执行董事。应该说，李嘉诚能有后来的辉煌，汇丰银行功不可没。

从这件事上，我们可以领略到李嘉诚进行商场征战的一个要诀，那就是努力借助他人，特别是银行的力量。

在生意场上，一个人的力量是有限的，你再有才华，再经营有道，最多也就是个有钱人，成不了巨富，办不了大事。想成就事业，必须借助其他力量，把别人的钱集过来，汇成一条大河。

在稳健中求得发展

有人曾经这样评价过李嘉诚，说他“闯劲不足后劲足”，向来不喜欢抢“头啖汤”，但是等他看准之后一出手，就如大江泄洪，任何一个投资家都不能与之抗衡。其实，李嘉诚的发家史，就是一场步步为营的战争史，他每打下一片江山都细心打理，将其变成自己稳固的大后方，然后再探出头去，寻找新的发展机遇。

有时候看似捷径的赚钱办法，实际上却过于冒险，甚至根本行不通。有人说“聪明人走捷径”，这话有些道理，但是应该加上一个注释：大聪明人视捷径为危途，只有那些爱耍小聪明的人，才喜欢走捷径。

所以李嘉诚告诫同行：“我的主张从来都是稳中求进。我们事先都会制定出预算，然后在适当的时候以合适的价格投资。”

李嘉诚进入地产界时，已经有预售楼花的做法，而李嘉诚没有这样做，他只是将楼宇作为出租物业，他所坚持的就是不走捷径走大路的投资原则。

卖楼花是霍英东于1954年首创，他一反地产商整幢售房或据以出租的做法，在楼宇尚未兴建之前，就将其分层分单元预售，得到预付款，即可动工兴建。卖家用买家的钱建楼，地产商还可将地皮和未成的物业拿到银行按揭（抵押贷款），真可谓一石二鸟。

继霍英东之后，许多地产商纷纷效仿，大售楼花。银行的按揭制进一步完善。用户只要付得起楼价的10%或20%的首期，就可把所买的楼宇向银行按揭。银行接受该楼宇做抵押，将楼款余下的未付部分付给地产商，然后收取买楼宇者在未来若干年内按月向该银行付还贷款的本息。

李嘉诚认真研究了楼花和按揭。他发现，卖楼花的确能够加速楼宇销售，加快资金回收，弥补地产商资金的不足。但是，这样一来，地产商的利益就会与银行休戚相关，而地产业的盛衰又直接波及银行。所谓唇亡齿寒，一损俱损，过多地依赖银行未必就是好事。

李嘉诚最欣赏香港最大的地产商英资置地公司的保守做法：重点放在收租物业上。置地经过半个多世纪的发展，一直雄踞中区“地王”宝座，拥有大量大厦物业。只要物业在，就是永久受益的聚宝盆。所以，资金再紧，李嘉诚宁可少建或不建，也不卖楼花加速建房进度，他尽量不向银行抵押贷款，或会同银行向用户提供按揭。

李嘉诚兴建收租物业，资金回笼缓慢，但他看好地价、楼价及租金快速上升的总趋势。收租物业，虽不可像发展物业（建楼卖楼）那样牟取暴利，却有稳定的租金收入，物业增值，时间愈往后移，愈能显现出来。

李嘉诚的预测无误。据港府公布的统计数据，1959 年港府拍卖市区土地平均价为工业用地每平方米 104.85 港元；商厦、写字楼、娱乐场等非工业用地 1 668.44 港元，住宅用地 164.75 港元。而到 1980 年，这三类拍卖地价分别狂升为 29 549.03 港元、124 379.06 港元、13 728.30港元，升幅分别为 280.8 倍、73.5 倍、82.2 倍。地升楼贵，李嘉诚“坐享其利”。他拥有大批物业，储备了大量土地。

1961 年 6 月，潮籍银行家廖宝珊的廖创兴银行发生挤提风潮。廖宝珊是“西环地产之王”，他在西环大量购买地盘兴建楼宇，并在中德辅道西兴建廖创兴银行大厦。廖宝珊发展地产的资金，几乎全部来自存户存款，从而引发了存户挤提。

这次挤提风潮，令廖宝珊脑溢血猝亡。廖氏是潮商中的成功人士，深得商界新秀李嘉诚的尊敬。从廖宝珊身上，李嘉诚更深一步地意识到了地产与银行业的风险。然而不幸的是，这次事件并没有引起人们的足够重视。

1962 年，香港政府修改建筑条例并公布于 1966 年实施。地皮拥有者为了避免新条例实施后吃亏，都赶在 1966 年之前建房。这股建房热潮是在银行的积极资助下掀起的，银行不仅提供按揭，自己也直接投资房地产。

炒风空前炽热，职业炒家应运而生。他们看准地价、楼价日涨夜升的畸形旺市，以小博大，只要付得起首期地价、楼价，就可大炒特炒，趁高脱手。大客炒地，小客炒楼（花）。大客大都是地产商，甚至还有银行家；小客多是炒金、炒股的黄牛党。

然而，在这股风起云涌的炒风中，李嘉诚始终保持着清醒的头脑。他心里清楚，买空、卖空是做生意的大忌，投机地产犹如投机股市，“一夜暴富”的后面，往往就是“一朝破产”。

李嘉诚坚定地以长期投资者的形象出现在地产界，他一如既往地在港岛、新界的新老工业区，寻购地皮，营建厂房。他尽可能少依赖银行贷款，有的工业大厦完全是靠自筹自有资金建造的。他公司下属的塑胶部经营状况良好，盈利可观，同时地产部已由初始的纯投资转为投资效益期。随着新厂的不断竣工出租，租金又源源不断地涌来，所以没有银行贷款，他也有足够的资金发展自己的物业，只不过没有那些卖楼花的投机家快罢了。

1965 年 1 月，一家小银行——明德银号又发生挤提，宣告破产。究其原因，是“参与房地产投机，使其没有流动资金，丧失偿债能力”。明德银号的破产，加剧了存户的恐慌心理，挤提风潮由此爆发，并迅速蔓延到一系列银行。广东信托商业银行轰然倒闭，连实力雄厚的恒生银行也陷于危机之中，不得不出卖股权予汇丰银行才免遭破产。

港府采取紧急措施，才遏制住挤提风潮，但银行危机却持续了一年有余，不少银行虽未倒闭，却只能“苟延残喘”。在银行危机的剧烈振荡下，兴旺的房地产业也一落千丈，一派肃杀。地价、楼价暴跌，脱身迟缓的炒家，全部断臂折翼、血本无归，靠银行输血支撑的地产商、建筑商纷纷破产。

在这次危机中，长江公司的损失，与同业相比微乎其微。它只是个部分厂房碰到租期届满续租时降低租金，而并未动摇其整个根基。相反，那些激进冒险的地产商，或破产，或观望，而“保守”的李嘉诚却仍在地产低潮中稳步拓展。

1986 年 1 月的长江实业公司市值 77.69 亿港元，还远远低于置地公司的 147.27 亿港元。到 1990 年 6 月底，“长实”市值升到 281.28 亿港元，居香港上市地产公司榜首；第二位是郭得胜家族的新鸿基地产，市值为 242.07 亿港元；而一直在本港地产业坐大的置地公司以 216.31 亿港元，屈居第三位。另外，长江全系早在 1986 年就已超过怡和全系的市值。

李嘉诚虽然以稳健的做法取得了成功，但并不是说其他的经营方法就一无可取。李嘉诚不卖楼花，并不说明卖楼花就一定会失败。其实，卖楼花的做法，在今天的房地产界依然被广为推行。正所谓商无定法，条条大路通罗马。

捷径总是充满了危机，一旦失手，就远不如走正常的途径了。因此，虽说聪明人喜欢走捷径，但是走捷径的极少是大聪明人。古人说，“欲速则不达”，主张“以迂为直”，甚至强调“明白四达，守之以愚”，是很值得借鉴的，而在当今瞬息万变的商场上征战，尤其需要把捷径视为危途的智慧。

信守“共同赚钱”的经商之道

一般来讲，凡是跟李嘉诚合作过的人，大都会赚得盆满钵满。如果对方赔了，李嘉诚即使面对大好形势也不会再赚，“要赚大家一起赚，要赔大家一起赔”是他的投资信念。

李嘉诚不仅对合作伙伴如此，对下属更是这样，当事业有发展的时候，他懂得让下属分享利益。对方获得了利益，当有了好机会时自然先想到你，而职工也会更加卖力地为你工作，赚的钱自然也会越来越多。

一些人目光只停留在眼前利益上，做生意不舍一分一厘，只求自己独吞利益。恰好是赚得一时之小利，而失去了长远之大利。李嘉诚正相反，他舍弃了小利，而赢得了大利。小利不舍，大利不来，这是定则。

李嘉诚说过："如果一单生意只有自己赚，而对方一点不赚，这样的生意绝对不能干。"意思是说，做生意应该利益均沾，这样才能保持久远的合作关系。相反，光顾一己之利益，而无视对方的权益，只能是一锤子买卖，自己把生意做断做绝。

李嘉诚控有香港最大的综合性财团，多年荣膺香港首富乃至世界华人首富。但他同时又是个道德至上者，他说的每句话，无不符合道德规范。他既是这样说，亦是这样去追求，谨慎小心，唯恐有什么闪失。

在西风氤氲的十里洋场——香港，李嘉诚能将大发达与守道德较好地合为一体，实为难得。对这么一个"完人"，谁不愿意与他做生意呢？由此可见，既守道德，又生财有术者，实在是商家之典范。

长江大厦是李嘉诚拥有的第一幢工业大厦，是他地产大业的基石，又是他赢得"塑胶花大王"盛誉的老根据地。

20世纪70年代后期，香江才女林燕妮为她的广告公司租场地，跑到长江大厦看楼，发现李嘉诚仍在生产塑胶花。此时，塑胶花早过了黄金时代，根本无钱可赚。长江地产业当时的盈利已十分可观，就算塑胶花有微薄小利，对长江实业来说，增之不见多，减之不见少。因此林燕妮甚感惊奇，说李嘉诚“不外是顾念着老员工，给他们一点生计”。

长江大厦租出后，塑胶花厂停工了。不过，老员工亦获得安排在大厦里做管理事宜。对老员工，他是很念旧的。有人提起李嘉诚善待老员工的事，说：“怪不得老员工都对他感恩戴德。”

对此，李嘉诚说：“一家企业就像一个家庭，他们是企业的功臣，理应得到这样的待遇。现在他们老了，作为晚辈，就该负起照顾他们的义务。”

所以，后来又有人对李嘉诚说：“李先生精神难能可贵，不少老板待员工老了便一脚踢开，你却不同。这批员工，过去靠你的厂养活，现在厂没有了，你仍把他们包下来。”

李嘉诚急忙解释道：“千万不能这么说，老板养活员工，是旧式老板的观点。应该是员工养活老板、养活公司。”

唐太宗李世民将舟比喻为皇帝，将水比喻为民众，说：“水能载舟，亦能覆舟。”李嘉诚的思想与唐太宗十分相似，不过，李嘉诚是将其运用到商场上。确实，没有广大员工的卖力苦干，再有本事的老板也是孤掌难鸣，成不了气候。相反，企业内部富有凝聚力，员工精诚团结，肯为老板出力，这个企业必定大有前途。

另外，李嘉诚在董事薪金上的做法，也成为香港商界、舆论界的美谈。李嘉诚出任 10 余家公司的董事长或董事，但他把所有的袍金都归入“长实”公司账上，自己全年只拿 5 000 港元。而这 5 000 港元，还不及公司一名清洁工在 80 年代初的年薪。

以 80 年代的水平，像“长实”系这样盈利状况甚佳的大公司主席薪金，一间公司就该有数百万港元，进入 90 年代，更递增到 1 000 万港元上下。而李嘉诚 20 多年维持不变，只拿 5 000 港元。按现在的水平，李嘉诚连万分之一都没拿到。

李嘉诚的经商天才在这里表露无遗。他其实是小利不取，大利不放。

李嘉诚每年放弃数千万薪金，却获得了公司众股东的一致好感。爱屋及乌，股东们自然也信任“长实”系股票，甚至李嘉诚购入其他公司股票，投资者也莫不步其后尘，纷纷购入。有公众股东帮衬，“长实”系股票被抬高，“长实”系市值大增。并且，李嘉诚欲办大事，很容易得到股东大会的通过。

对李嘉诚这样的超级富豪来说，薪金算不得大数，大数是他所持股份所得的股息及价值。1994 年 4 月至 1995 年 4 月，李嘉诚所持“长实”、生啤、新工股份，所得年息共计 12.4 亿港元——尚未计他的非经常性收入以及海外股票的年息。

有人说，一般的商家，只能算精明，唯李嘉诚一类的商界翘楚才具备经商的智慧。舍小取大，正是李嘉诚投资成功的秘诀。

附录1：李嘉诚个人简介

1928年，7月29日出生于广东省潮州市北门街面线巷五号，父亲是小学校长。

1932年，9月进入北门街观海寺小学读书。

1940年，为躲避日本侵略者的压迫，全家逃难到香港，投靠亲戚。年底进入香港的中学读初中。

1943年，父亲李云经病逝。为了养活母亲和三个弟妹，李嘉诚被迫辍学走上社会谋生。工作虽然繁忙，失学的李嘉诚仍用工余之暇到夜校进修，补习文化。

1948年，由于勤奋好学，精明能干，不到20岁的他便升任塑胶玩具厂的总经理。

1950年，李嘉诚把握时机，用平时省吃俭用的积蓄在筲箕湾创办了自己的塑胶厂，他将它命名为“长江塑胶厂”。

1958年，李嘉诚在北角购入一块地皮，兴建一幢12层高厂厦，正式介入地产市场。他独到的眼光和精明的开发策略使“长江”很快成为香港的一大地产发展和投资实业公司。

1963年，与庄月明女士结婚。

1964年，8月长子李泽钜出生。

1966年，11月次子李泽楷出生。

1967年，地价暴跌，李氏以低价购入大批土地储备。

1972年，“长江实业”上市，其股票被超额认购65倍。到70年代末期，他在同辈大亨中已排众而出。

1978年，与国家领导人邓小平会面。

1979年，“长江实业”宣布与汇丰银行达成协议，斥资6.2亿元，从汇丰集团购入老牌英资商行——“和记黄埔”22.4%的股权，李嘉诚因而成为首位收购英资商行的华人。

1979年，与霍英东等人出任中国国际信托投资董事。

1984年，“长江实业”又购入“香港电灯公司”的控制性股权。

1986年，进军加拿大，购入赫斯基石油逾半数权益。

1986年，5月1日李嘉诚母亲逝世。

1987年，联同华资大亨李兆基及郑裕彤，成功夺得温哥华1986年世界专览会旧址的发展权。

1990年，1月，夫人庄月明女士突发心脏病逝世。

1994年，所管理的企业除税后赢利达28亿美元。

1995年，12月，长江实业集团三家上市公司的市值，总共已超过420亿美元。

1999年，长江实业集团除税后盈利达1 850亿港元。

2000年，长江实业集团总市值约为8 120亿港元。

历年得奖纪录

1981年，获委任为“太平绅士”。

1981年，获选为“香港风云人物”。

1985年，出任基本法起草委员。

1986 年，2 月 6 日香港《信报》排出香港十大财团，长实系四家上市公司市值达 343 亿港元，名列榜首。

1986 年，被比利时国王封为勋爵。

1986 年，3 月 25 日香港大学校监、港督尤德爵士授予李嘉诚名誉法学博士称号。

1989 年，1 月 1 日获英女王颁发的 CBE 勋衔。

1989 年，6 月获加拿大卡加里大学授予的名誉法学博士学位。

1990 年，12 月 15 日港督卫弈信向李嘉诚颁发“商业成就奖”。

1992 年，4 月 28 日北京大学授予李嘉诚名誉博士称号。

1992 年，被聘为港事顾问。

1994 年，被评选为 1993 年度香港商界“风云人物”。

1994 年，11 月 22 日获《亚洲周刊》颁发的首届“企业家成就奖”。

1995 年，12 月 1 日被（香港）“国际潮团联谊会”推举为大会名誉主席。

1996 年，第三期《资本》杂志公布香港华人富豪榜，长实系三间上市公司市值 3 250 亿港元，占全港上市公司总市值的 13.7%，居华人财团榜首；个人资产 600 亿港元，列全港华人富豪第 2 名。

1995—1997 年出任特区筹备委员会委员。

1999 年，《福布斯》世界富豪排名榜中位列第十，是亚洲首富。

1999 年，4 月获英国《泰晤士报》千禧年企业家年奖大奖。

1999 年，5 月被英文版的《亚洲周刊》评选为亚洲区五十位最具权力人物之一。

1999 年，获英国剑桥大学荣誉法学博士称号。

附录 2：李嘉诚名言录

1. 我 17 岁就开始做批发的推销员，就更加体会到挣钱的不容易、生活的艰辛。人家做 8 个小时，我就做 16 个小时。

2. 我们的社会中没有大学文凭、白手起家而终成大业的人不计其数，其中的优秀企业家群体更是引人注目。他们通过自己的活动为社会作贡献，社会也回报他们以崇高荣誉和巨额财富。

3. 精明的商家可以将商业意识渗透到生活的每一件事中去，甚至是一举手一投足。充满商业细胞的商人，赚钱可以是无处不在、无时不在。

4. 我凡事必有充分的准备然后才去做。一直以来，做生意处理事情都是如此。例如天文台说天气很好，但我常常问我自己，如 5 分钟后宣布有台风，我会怎样，在香港做生意，亦要保持这种心理准备。

5. 精明的商人只有嗅觉敏锐才能将商业情报作用发挥到极致，那种感觉迟钝、闭门自锁的公司老板常常会无所作为。

6. 我从不间断读新科技、新知识的书籍，不至因为不了解新讯息而和时代潮流脱节。

7. 即使本来有一百的力量足以成事，但我要储足二百的力量去攻，而不是随便去赌一赌。

8. 扩张中不忘谨慎，谨慎中不忘扩张。……我讲求的是在稳健与进取中取得平衡。船要行得快，但面对风浪一定要捱得住。

9. 好的时候不要看得太好，坏的时候不要看得太坏。最重要的是要有远见，杀鸡取卵的方式是短视的行为。

10. 不必再有丝毫犹豫，竞争既是搏命，更是斗智斗勇。倘若连这点勇气都没有，谈何在商场立脚，超越置地?

11. 对人诚恳，做事负责，多结善缘，自然多得人的帮助。淡泊明志，随遇而安，不作非分之想，心境安泰，必少许多失意之苦。

12. 在身处逆境的时候，你要问自己是否有足够的条件。当我自己身处逆境的时候，我认为我够！因为我勤奋、节俭、有毅力，我肯求知及肯建立一个信誉。

13. 做生意一定要同打球一样，若第一杆打得不好的话，在打第二杆时，心更要保持镇定及有计划。这并不表示你会输，就好比做生意一样，有高有低，身处逆境时，你先要镇定考虑如何应付。

14. 我表面谦虚，其实很骄傲，别人天天保持现状，而自己老想着一直爬上去，所以当我做生意时，就警惕自己，若我继续有这个骄傲的心，迟早有一天是会碰壁的。

15. 当生意更上一层楼的时候，绝不可有贪心，更不能贪得无厌。

16. 任何一种行业，如有一窝蜂的趋势，过度发展，就会造成摧残。

17. 随时留意身边有无生意可做，才会抓住时机把握升浪起点。着手越快越好。遇到不寻常的事发生时立即想到赚钱，这是生意人应该具备的素质。

18. 人才缺乏，要建国图强，亦徒成虚愿。反之，资源匮乏的国家，若人才鼎盛，善于开源节流，则自可克服各种困难，而使国势蒸蒸日上。从历史上看，资源贫乏之国不一定衰弱，可为明证。

19. 今日如果没有那么多人替我办事，我就算有三头六臂，也没有办法应付那么多的事情，所以成就事业最关键的是要有人能够帮助你，乐意跟你工作，这就是我的哲学。

20. 你们不要老提我，我算什么超人，是大家同心协力的结果。我身边有 300 员虎将，其中 100 人是外国人，200 人是年富力强的香港人。

21. 长江取名基于长江不择细流的道理，因为你要有这样豁达的胸襟，然后你才可以容纳细流。没有小的支流，又怎能成长江？

22. 在我心目中，不理你是什么样的肤色，不理你是什么样的国籍，只要你对公司有贡献、忠诚、肯做事、有归属感，即有长期的打算，我就会帮他慢慢地经过一个时期而成为核心分子，这是我公司一向的政策。

23. 一个总司令，是一个集团军的统帅，拿起机关枪总不会胜过机关枪手，走到炮兵队操作大炮也不如炮兵。但作为集团军的总司令不要管这些，只要懂得运用战略便可以，所以整个组织十分重要。

24. 人才取之不尽，用之不竭。你对人好，人家对你好是自然的，世界上任何人都可以成为你的核心人物。

25. 知人善任，大多数人都会有部分的长处，部分的短处，各尽所能，各得所需，以量才而用为原则。

26. 可以毫不夸张地说，一个大企业就像一个大家庭，每一个员工都是家庭的一分子。就凭他们对整个家庭的巨大贡献，他们也实在应该取其所得，只有反过来说，是员工养活了整个公司，公司应该多谢他们才对。

27. 不为五斗米折腰的人，在哪里都有。你千万别伤害别人的尊严，尊严是非常脆弱的，经不起任何的伤害。

28. 在我的企业内，人员的流失及跳槽率很低，并且从没出现过工潮。最主要的是员工有归属感，万众一心。

29. 有钱大家赚，利润大家分，这样才有人愿意与你合作。假如拿10％的股份是公正的，拿11％也可以，但是如果只拿9％的股份，就会财源滚滚来。

30. 我老是在说一句话，亲人并不一定就是亲信。一个人你要跟他相处，日子久了，你觉得他的思路跟你一样是正面的，那你就应该可以信任他；你交给他的每一项重要工作，他都会做，这个人就可以做你的亲信。

31. 人要去求生意就比较难，生意跑来找你，你就容易做，那如何才能让生意来找你？那就要靠朋友。如何结交朋友？那就要善待他人，充分考虑到对方的利益。

32. 有金钱之外的思想，保留一点自己值得骄傲的地方，人生活得更加有意义。

33. 以往我百分之九十九是教孩子做人的道理，现在有时会与他们谈生意……但约三分之一谈生意，三分之二教他们做人的道理。

因为世情才是大学问。

34. 坏人固然要防备，但坏人毕竟是少数，人不能因噎废食，不能为了防备极少数坏人连朋友也拒之门外。更重要的是，为了防备坏人的猜疑，算计别人，必然会使自己成为孤家寡人，既没有了朋友，也失去了事业上的合作者，最终只能落个失败的下场。

35. 那些私下忠告我们，指出我们错误的人，才是真正的朋友。

36. 商业合作必须有三大前提：一是双方必须有可以合作的利益，二是必须有可以合作的意愿，三是双方必须有共享共荣的打算。此三者缺一不可。

37. 不义而富且贵，于我如浮云。是我的钱，一块钱掉在地上我都会去捡。不是我的，一千万块钱送到我家门口我都不会要。我赚的钱每一毛钱都可以公开，就是说，不是不明白赚来的钱。

38. 我觉得，顾及对方的利益是最重要的，不能把目光仅仅局限在自己的利上，两者是相辅相成的，自己舍得让利，让对方得利，最终还是会给自己带来较大的利益。占小便宜的不会有朋友，这是我小的时候我母亲就告诉给我的道理，经商也是这样。

39. 一个人一旦失信于人一次，别人下次再也不愿意和他交往或发生贸易往来了。别人宁愿去找信用可靠的人，也不愿意再找他，因为他的不守信用可能会生出许多麻烦来。

40. 如果取得别人的信任，你就必须做出承诺，一经承诺之后，便要负责到底，即使中途有困难，也要坚守诺言。

41. 我生平最高兴的，就是我答应帮助人家去做的事，自己不仅是完成了，而且比他们要求的做得更好，当完成这些信诺时，那种兴奋的感觉是难以形容的……

42. 世情才是学问。世界上每一个人都精明，要令大家信服并喜欢不容易。

43. 注重自己的名声，努力工作，与人为善，遵守诺言，这样对你们的事业非常有帮助。

44. 讲信用，够朋友。这么多年来，差不多到今天为止，任何一个国家的人，跟我做过合作伙伴的，合作之后都成为好朋友，从来没有为一件事闹过不开心，这一点是我引以为荣的。

45. 我个人对生活一无所求，吃住都十分简单，上天给我的恩赐，我并没多要财产的奢求。如果此生能多做点对人类、民族、国家长治久安有益的事，我是乐此不疲的。

46. 保持低调，才能避免树大招风，才能避免成为别人进攻的靶子。如果你不过分显示自己，就不会招惹别人的敌意，别人也就无法捕捉你的虚实。

47. 富有的人要看他怎么做。照我现在的做法我为自己内心感到富足，这是肯定的。

48. 做人最要紧的，是让人由衷地喜欢你，敬佩你本人，而不是你的财力，也不是表面上让人听你的。

49. 绝不同意为了成功而不择手段。刻薄成家，理无久享。

50. 一个有使命感的企业家，应该努力坚持走一条正途，这样我相信大家一定可以得到不同程度的成就。

51. 要成为一位成功的领导者，不单要努力，更要听取别人的意见，要有忍耐力，提出自己的意见前，更要考虑别人的意见，最重要的是创出新颖的意念……作为一个领袖，第一最重要的是责己以严，待人以宽；第二要令他人肯为自己办事，并有归属感。机构大必须依靠组织，在二三十人的企业，领袖走在最前端便最成功。当规模扩大至几百人，领袖还是要去参与工作，但不一定是走在前面的第一人。要大，便要靠组织，否则，便迟早会撞板，这样的例子很多，百多年的银行也一朝崩溃。

52. 未攻之前一定先要守，每一个政策的实施之前都必须做到这一点。当我着手进攻的时候，我要确信，有超过百分之一百的能力。换句话说，即使本来有一百的力量足以成事，但我要储足二百的力量才去攻，而不是随便去赌一赌。

53. 与其到头来收拾残局，甚至做成蚀本生意，倒不如当时理智克制一些。

54. 眼睛仅盯在自己小口袋的是小商人，眼光放在世界大市场的是大商人。同样是商人，眼光不同，境界不同，结果也不同。

55. 身处瞬息万变的社会，应该求创新，加强能力，居安思危，无论你发展得多好，时刻都要做好准备。

56. 中华民族勤劳勇敢，坚忍不拔，虽然历史上有过受辱挨打的过去，但是现在走正确的道路必然会有着光明的未来。无论哪个民族和人民，都是爱自己国家的……

57. 力争上游，虽然辛苦，但也充满了机会。我们做任何事，都应该有一番雄心壮志，立下远大的目标，用热忱激发自己干事业的动力。

58. 人，第一要有志，第二要有识，第三要有恒，有志则断不甘为下流。

59. 知识不仅是指课本的内容，还包括社会经验、文明文化、时代精神等整体要素，才有竞争力，知识是新时代的资本，五六十年代人靠勤劳可以成事；今天的香港要抢知识，要以知识取胜。

60. 人们赞誉我是超人，其实我并非天生就是优秀的经营者。到现在我只敢说经营得还可以，我是经历了很多挫折和磨难之后，才领会一些经营的要诀的。

61. 今天在竞争激烈的世界中，你付出多一点，便可赢得多一点。好像奥运会一样，如果跑短赛，虽然是跑第一的那个赢了，但比第二、第三的只胜出少许，只要快一点，便是赢。

62. 当你作出决定后，便要一心一意地朝着目标走，常常记着名誉是你的最大资产，今天便要建立起来。

63. 在事业上谋求成功，没有什么绝对的公式，但如果能依赖某些原则的话，能将成功的希望提高许多。

64. 苦难的生活，是我人生的最好锻炼，尤其是做推销员，使我学会了不少的东西，明白了不少事理。所以这些，是我用10亿、100亿也买不到的。

65. 我认为勤奋是个人成功的要素，所谓一分耕耘，一分收获，一个人所获得的报酬和成果，与他所付出的努力有极大的关系。运气只是一个小因素，个人的努力才是创造事业的最基本条件。

66. 创业的过程，实际上就是恒心和毅力坚持不懈的发展过程，其中并没有什么秘密，但要真正做到中国古老的格言所说的勤和俭也不太容易。而且，从创业之初开始，就要不断学习，把握时机。

67. 在看苏东坡的故事后，就知道什么叫无故受伤害。苏东坡没有野心，但就是被人陷害，他弟弟说得对：我哥哥错在出名，错在高调。这个真是很无奈的过失。

68. 年轻时我表面谦虚，其实我内心很骄傲。为什么骄傲呢？因为同事们去玩的时候，我去求学问；他们每天保持原状，而自己的学问日渐提高。

69. 我这棵小树是从沙石风雨中长出来的，你们可以去山上试试，从沙石中长出来的小树，要拔去是多么的费力啊！从沙石里长出来的小树，更富有生命力。

70. 科技世界深如海，正如曾国藩所说的，必须有智、有识，当你懂得一门技艺，并引以为荣，便愈知道深如海，而我根本未到深如海的境界，我只知道别人走快我们几十年，我们现在才起步追，有很多东西要学习。

71. 无论何种行业，你越拼搏，失败的可能性越大，但是你有知识，没有资金的话，小小的付出就能够有回报，并且很可能达到成功。

72. 从前经商，只要有些计谋，敏捷迅速，就可以成功；可现在的企业家，还必须要有相当丰富的知识资产，对于国内外的地理、风俗、人情、市场调查、会计统计等都得非常熟悉不可。

73. 一个人凭自己的经验得出的结论当然是最好，但是时间就浪费得多了，如果能将书本知识和实际工作结合起来，那才是最好的。

74. 下一个世纪的企业家将和我完全不同，因新世纪企业家的成功取决于科技和知识，而不是钱。

75. 作为父母，让孩子在十五六岁就远离家乡，远离亲人，只身到外面去求学深造，当然是有些于心不忍，但是为了他们的将来，就是再不忍心也要忍心。

76. 如果在竞争中，你输了，那么你输在时间；反之，你赢了，也赢在时间。

77. 世界上并非每一件事情，都是金钱可以解决的，但是确实有很多事情需要金钱才能解决。

78. 我的钱来自社会，也应该用于社会，我已不再需要更多的钱，我赚钱不是只为了自己，而是为了公司，为了股东，也为了替社会多做些公益事业，把多余的钱分给那些残疾及贫困的人。

79. 万一真的失败了，也不必怨恨，慢慢图谋东山再起的机会，只要一息尚存，仍有作最后决战的本钱。

80. 一个人除了赚钱满足自己的成就感之外，就是为了让自己生活得更好一点，如果只顾赚钱，而赔上自己的健康，那是很不值得的。

81. 做事投入是十分重要的。你对你的事业有兴趣，你的工作一定会做得好。

82. 尽量挤出时间使自己得到良好的休息。只有得到良好的休息，才会有充沛、旺盛的精力去面对突如其来发生的各种事情。

83. 衣服和鞋子是什么牌子，我都不怎么讲究。一套西装穿十年八年是很平常的事。我的皮鞋十双有五双是旧的。皮鞋坏了，扔掉太可惜，补好了照样可以穿。我手上戴的手表，也是普通的，已经用了好多年。

84. 我觉得一家幸福是最紧要的，生意起跌是小事。生意今日起，明日跌，一家人开心最紧要。

85. 商业的存在除了创造繁荣和就业，最大作用是服务人类的需要。企业是为股东谋取利润的，但应该坚持固定文化。

86. 为了适应时代发展变化的需要，也为了企业自身的生存和发展，企业必须以市场为导向、以创新为手段、以效率为核心，重建企业形象。

87. 我们“长江”要生存，就得要竞争；要竞争，就必须有好的质量。只有保证质量，才能保证信誉，才能保证“长江”的发展壮大。

88. 我对自己有一个约束，并非所有赚钱的生意都做。有些生意，给多少钱让我赚，我都不赚……有些生意，已经知道是对人有害，就算社会容许做，我都不做。

89. 领导全心协力投入热诚，是企业最大的鼓动力。与员工互动沟通，对同事尊重，才可建立团队精神。人才难求，对具备创意、胆识及谨慎态度的同事，应给予良好的报酬和显示明确的前途。

90. 对一个职工，如果他平时马马虎虎，我会十分生气，一定会批评他，但他有时做错事，你应该给他机会去改正。

91. 大部分的人都有部分长处部分短处，好像大象食量以斗计，蚂蚁一小勺便足够。各尽所能，各得所需，以量才而用为原则；又像一部机器，假如主要的机件需要用500马力去发动，虽然半马力与500马力相比是小得多，但也能发挥其一部分作用。

92. 中国古人讲：万变不离其宗。这个宗就是指合乎实际情况，合乎道理。变是一定要变的，这个世界本来就是丰富多彩的，千变万化的。

93. 要给员工好的待遇及前途，让他们有受重视的感觉。当然，还要有良好的监督和制衡制度，不然山高皇帝远，一个好人也会变坏。

94. 虽然老板受到的压力较大，但是做老板所赚的钱，已经多过员工很多，所以我事事总不忘提醒自己，要多为员工考虑，让他们得到应得的利益。

95. 我认为要像西方那样，有制度且比较进取，用两种方式来做，而不是全盘西化或是全盘儒家。儒家有它的好处，也有它的短处，儒家在进取方面是很不够的。

96. 一间小的家庭式公司要一手一脚去做，当公司发展大了，便要让员工有归属感，令他们感到安心，这是十分重要的。管理之道，简单来说是知人善任，但在原则上一定要令他们有归属感，要他们喜欢你。

97. 只有博大的胸襟，自己才不会那么骄傲，不会认为自己样样出众，承认其他人的长处，得到他人的帮助，这便是古人所说的有容乃大的道理。

98. 凡事都留个余地，因为人是人，人不是神，不免有错处，可以原谅人的地方，就原谅人。

99. 与新老朋友相交时，都要诚实可靠，避免说大话。要说到做到，不放空炮，做不到的宁可不说。

100. 人生自有其沉浮，每个人都应该学会忍受生活中属于自己的一份悲伤，只有这样，你才能体会到什么叫做成功。